El tesoro de la oración

JACQUES PHILIPPE – ANNE DE JÉSUS

El tesoro de la oración

EDICIONES RIALP

MADRID

Título orginal: *Le trésor de l'oraison*

© 2024 Editions des Béatitudes, S.O.C.
© 2025 de la versión española realizada por
  Miguel Martín
  by EDICIONES RIALP, S. A.,
  Manuel Uribe 13-15, 28033 Madrid
  (www.rialp.com)

Preimpresión: produccioneditorial.com

ISBN (edición impresa): 978-84-321-7081-2
ISBN (edición digital): 978-84-321-7082-9
ISBN (edición bajo demanda): 978-84-321-7083-6
ISNI: 0000 0001 0725 313X
Depósito legal: M-8966-2025

Impreso en España   *Printed in Spain*

Estilo Estugraf, S.L. Ciempozuelos (Madrid)

ÍNDICE

INTRODUCCIÓN

Jacques Philippe

Esta obra es la continuación del libro *La oración, oxígeno del creyente,* publicado en abril de 2023 en su edición original[1]. Como el primero, agrupa diversos artículos sobre la oración y la vida espiritual redactados por hermanos y hermanas de la Comunidad de las Bienaventuranzas. Se destinaron inicialmente a los miembros y amigos de la Comunidad, y ahora están disponibles a todos cuantos deseen ayuda y alimento en su camino de oración.

Su publicación es más oportuna porque el papa Francisco, en el contexto del gran jubileo de 2025, pidió que 2024 fuese un año especialmente dedicado a la oración, que sea como una «gran sinfonía de oración. En primer lugar para recuperar el deseo de estar en presencia del Señor, de escucharle y de adorarle... La oración que permite a cada hombre y a cada mujer de este mundo volverse hacia el Dios único, para decirle lo que está escondido en el secreto del corazón. La oración como camino real hacia la santidad que conduce a vivir la contemplación misma en medio de la acción»[2].

---

[1] La edición española fue publicada por Ediciones Rialp en octubre de 2023.

[2] Carta a Mons. Fisichella, 11.II.2022.

Está claro que el Espíritu Santo, por la voz del papa, pero también por todos los acontecimientos difíciles a los que se enfrenta hoy nuestro mundo, nos pide un verdadero impulso de la oración. Es urgente que los hombres vuelvan su corazón a Dios, y dediquen fielmente tiempo para estar en su presencia, a fin de obtener de él la gracia que permite mantener siempre la esperanza, crecer en la fe y en el amor, y encontrar las buenas respuestas a los desafíos del mundo actual.

Sin la luz y la fuerza que provienen del contacto con Dios en la oración, seremos demasiado frágiles para hacer frente a nuestros combates. Un cristiano que no reza es un cristiano en peligro, decía ya el papa Juan Pablo II en la exhortación apostólica *Novo Millenio Ineunte,* publicada al comienzo del tercer milenio. Un cristiano que es fiel a encontrarse con Dios en la oración —tanto comunitaria como personal, aunque esta oración sea simple y pobre— tendrá siempre la gracia necesaria para vivir positivamente aquello a lo que se enfrente.

Que esta obra anime a los lectores en este hermoso camino de unión con Dios, por Cristo y en el Espíritu Santo, al que todos somos llamados. Que la perseverancia en la oración nos permita gustar y ver «*qué bueno es el Señor*» (Sal 34, 9), en la espera de vivir un día una total comunión con él y entre nosotros en su Reino.

1. LA UNIÓN CON DIOS

Jacques Philippe

> «Lo que pretende Dios es
> hacernos dioses por participación,
> siéndolo él por naturaleza: como el fuego
> convierte todas las cosas en fuego»[1].
>
> SAN JUAN DE LA CRUZ

Nuestra vocación: ¡la unión con Dios!

*«Te desposaré conmigo para siempre, te desposaré
conmigo en justicia y derecho, en amor y
misericordia. Te desposaré conmigo en fidelidad,
y conocerás al Señor»* (Os 2, 21-22). ¿No deseamos
que se realicen para nosotros las promesas de la
Escritura? El fin de nuestra vocación no es otra
cosa que la unión con Dios. Conocerle íntimamente
y amarle con ardor, tal como somos amados y
conocidos por él. Queremos *«permanecer en* [él],
como [él] *en* [nosotros]» (Jn 15, 4). Deseamos también
poder decir como san Pablo: *«Ya no vivo yo, sino que
Cristo vive en mí»* (Ga 2, 20) a fin de devenir, según
las palabras de san Pedro, *«partícipes de la naturaleza*

---

[1] San Juan de la Cruz, *Avisos espirituales y sentencias*, 132. Obras completas. Biblioteca Ibérica 24.

divina» (2 P 1, 4). Queremos vivir el «*todo lo mío es tuyo, y lo tuyo mío*» (Jn 17, 10) propio del don mutuo del esposo y la esposa, aunque sea preciso consentir en las purificaciones dolorosas necesarias para esta unión, que requiere una gran pureza de corazón.

Además de la Escritura, la tradición del Carmelo nos invita a aspirar ardientemente a esta dimensión nupcial de la existencia cristiana. Los textos magníficos de san Juan de la Cruz que describen el esplendor del alma transformada en Dios nos ofrecen un horizonte y una esperanza extraordinarias:

> Entonces [el alma] le amará también como es amada de él, pues un amor es el de entrambos. De donde no solo queda el alma enseñada a amar, mas aún hecha maestra de amar, con el mismo maestro unida, y, por el consiguiente, satisfecha; porque hasta venir a este amor no lo está; lo cual es amar a Dios cumplidamente con el mismo amor que él se ama[2].

La unión con Dios: ¿una experiencia sensible?

A veces, la unión con Dios puede experimentarse de manera sensible, reflejándose en las diferentes dimensiones de la persona (inflamar la voluntad, colmar la memoria, iluminar la inteligencia, alegrar la sensibilidad e incluso el cuerpo) y haciéndonos saborear una alegría, una felicidad, una plenitud que superan infinitamente todo lo que el mundo puede ofrecer. Pero este no suele ser el caso. Más que una

---

[2] San Juan de la Cruz, *Cántico espiritual A,* estrofa 37.

posesión, la vida cristiana aquí abajo es a menudo un deseo y una espera del Esposo... deseo que se expresa y que se mantiene vivo sobre todo gracias a la fidelidad a la oración.

Sabemos que la esencia de la unión no reside en el sentimiento, sino que es una unión de voluntad: no querer otra cosa que lo que Dios quiere para nosotros. Quien en la pobreza, la oscuridad y el sufrimiento acepta con fe su estado puede estar más unido a Dios que quien gusta de consuelos sensibles. Hay a veces tareas que nos ocupan enteramente, sin darnos mucha facilidad para pensar en Dios o sentir su presencia, vividas sin gran entusiasmo sino con una humilde fidelidad, en las que estamos profundamente unidos a Dios porque cumplimos sencillamente lo que él espera de nosotros. La monotonía del sacrificio une más seguramente a Dios que el éxtasis, nos enseña la pequeña Teresa.

El alma se une a Dios en la medida en que posee fe, esperanza y amor, tal es la enseñanza esencial de san Juan de la Cruz. Pero como todos saben, estamos a veces llamados a creer sin ver, a esperar sin poseer y a amar sin experimentar satisfacción.

¿Medir la propia unión con Dios?

El grado de unión con Dios es algo difícilmente mensurable. Muchos santos han vivido una profunda unión con Dios al tiempo que sentían una extrema pobreza interior. Como sucedió a la pequeña Teresa en sus últimos años o a la Madre Teresa de Calcuta, aunque la unión con Dios sea real y profunda, el alma no goza siempre de ella; experimenta a veces grandes oscuridades, y se siente más «en la mesa de los pecadores» que en la antesala del Cielo. El Señor permite que sus amigos, y eso parece frecuente hoy, sientan pesar sobre ellos, en una misteriosa solidaridad, todo el peso del pecado del mundo. Si puede haber criterios que permitan evaluar el grado de unión con Dios de una persona, no se los va a encontrar en el dominio sensible. Los criterios más seguros serán más bien la profundidad de la humildad, la caridad atenta con aquellos con quienes compartimos la vida, la aceptación pacífica y confiada de todo lo que nos pueda pasar, incluidas las decepciones y sufrimientos. La aceptación de la Cruz es lo que nos coloca más eficazmente en el camino de la unión...

Aunque nadie puede medir su grado de unión con Dios, conocemos con certeza el camino que conduce a ella: el camino de la fidelidad a la oración, de la pobreza de espíritu, de la humildad, de la paciencia, de la mansedumbre, de la pureza de corazón, de la misericordia, de la paz... en una palabra el camino de las Bienaventuranzas. No hay otra puerta de entrada en el Reino.

«Ver a Dios en todo»

He aquí un pasaje de una carta del padre Marie-Étienne Vayssière a una persona a la que él acompañaba:

Proseguid sin descanso el trabajo de vuestra unión con Dios. ¿Cómo? Por la muerte de vos mismo, la purificación de vuestro interior, por la humildad, la mansedumbre, la abnegación, el olvido generoso de vos mismo, el abandono sin reserva. Cantad las voluntades divinas en todos los detalles que en cada instante salen a vuestros pasos. Sed un alma de fe que ve todo en Dios, en su voluntad, en su amor, adhiriéndose sin reserva a ella por un impulso incesante del corazón. En el fondo, todo está ahí: toda santificación y toda virtud, en esta vida de la fe. Ver a Dios en todo, Dios y su infinito amor, hasta en el grano de polvo que pisamos con los pies, el cabello que cae, la hoja que se agita. Y responder a este amor de nuestro Dios por la adhesión y el amor de nuestro corazón. Estar alegre y contento con todo, porque todo es de Dios, todo es Dios. Haced de eso el gran principio de vuestra vida espiritual, el verdadero centro en el que todo se apoya. Vuestra marcha adelante estará hecha de seguridad, de rapidez, de alegría, de fecundidad sobrenatural[3].

Otros puntos quedarían por tratar en este asunto de la unión con Dios. Con santa Teresa de Jesús, sabemos que se fundamenta en el misterio de la Encarnación, y que la unión con Dios se realiza a través de una comunión amorosa con la humanidad de Jesús. Con san Louis-Marie Grignion de Monfort sabemos el rol esencial que juega María para conducirnos a esa unión. Pero todo no puede abordarse aquí.

En marcha hacia Dios...

A modo de conclusión, dejémonos aún animar y estimular por este bello texto del padre Vayssière:

---

[3] Marie-Étienne Vayssière, *Consentir à l'amour, Lettres choisies,* EdB 2018, p. 127.

El alma que ora, cualquiera que sea su miseria, está siempre, en realidad, en marcha hacia Dios. Y las miserias que parecen retrasar su marcha no hacen en verdad más que acelerarla. No es el sentimiento que tenemos de Dios lo que nos une a él, sino más bien el sentimiento de nuestra miseria, y en esta miseria, la confianza que nos levanta y nos hace marchar a pesar de todo. Reanudad, pues, con humildad los ejercicios cotidianos. Marchad habitualmente en esta humildad, en el sentimiento práctico de que no sois nada y no podéis nada bueno, pero al mismo tiempo en una confianza sin límites en la infinita misericordia de nuestro Padre del Cielo[4].

Ejercicio espiritual

¿Dónde estoy en mi deseo de unión con Dios? ¿Es la gran prioridad de mi vida, algo ardiente en mí? ¿Se ha debilitado un poco con el paso de los años? ¿Qué ha podido atenuarlo: desilusión, desánimo, pérdida de esperanza debida a la experiencia de mis miserias? ¿O bien he puesto mi deseo en algo distinto de Dios? ¿Qué puedo hacer en concreto para despertar y mantener vivo ese deseo? Estas preguntas las podría llevar a una charla con quien me acompaña espiritualmente.

---

[4] *Op. cit*, p.138-139.

2. EL DESEO DE DIOS

Marie-Pascale Jégou

> «Que me bese con el beso de su boca. He recibido,
> lo afirmo, favores que están muy por encima de mis
> méritos, pero están por debajo de mis deseos.
> Soy arrastrado por mis deseos, no es la razón lo que
> me guía. No acuséis de temeridad, os ruego, lo que
> no es más que efecto de un ardiente amor»[1].
>
> SAN BERNARDO

Un deseo misterioso

El hombre está constantemente asaltado por
múltiples deseos, pero su gran deseo fundamental es
una sed de plenitud sin fin, aunque no sepa nombrar
esta atracción irresistible. «El hombre lleva en sí
un misterioso deseo de Dios»[2]. *«Mi alma añora,
desfallece por los atrios del Señor; mi corazón y mi
carne se alegran por el Dios vivo»* (Sal 84, 3).

Ese deseo es un movimiento hacia un bien ardiente.
«El deseo de Dios están inscrito en el corazón del
hombre, porque el hombre ha sido creado por Dios
y para Dios; y Dios no cesa de atraer al hombre

---

[1] San Bernardo, *Sermón* IX, 2.
[2] Benedicto XVI. Audiencia general, 7.XI.2012.

hacia sí»[3]. La esposa del *Cantar de los Cantares* dice: «*Buscaré al que ama mi alma*» (Ct 3, 2). Este deseo es un movimiento hacia delante. «*Continúo esforzándome por ver si lo alcanzo, puesto que yo mismo he sido alcanzado por Cristo Jesús*» (Flp 3, 12). Es también un martirio. Teresa de Lisieux afirma que el deseo confina a veces con el martirio, como un fuego que os quema, como lo ha experimentado ella en la oración mientras buscaba su misión específica en el corazón de la Iglesia.

Mantener el deseo

Las lunas de miel no duran, pero viene el tiempo del amor profundo que se enraíza. La esposa del *Cántico espiritual* busca al esposo y al no encontrarle dice: «Y déjame muriendo un no sé qué quedan balbuciendo»[4].

Intenta alcanzar ese no sé qué mediante cosas pequeñas (en apariencia) pero que son de una extrema importancia:

— esas *palabras de amor* que se escapan del corazón, como flechas que desearan atravesar al Amado, elegido por nuestro corazón;
— la *carta de amor de la Escritura* releída sin cesar, siempre nueva, frases de choque que nos conmueven, copiadas enseguida;
— la *gratitud* como telón de fondo del alma, bendición pedida sobre el mundo, la Iglesia, nuestro prójimo;
— el *deseo de bondad* para con todos;

---

[3] CCE 27.

[4] San Juan de la Cruz. *Códice A, 7.*

— la *ley del don* a ejemplo del «*Hijo del hombre* [que] *no ha venido a ser servido, sino a servir y a dar su vida en redención de muchos*» (Mc 10, 45);
— una *cultura de la confianza,* liberadora: todos no tienen como Teresa una confianza innata a toda prueba. Lo que paraliza mi deseo no es atreverme a creer que puedo agradar a Dios que *me* busca, *a mí* pobre pecador;
— la *purificación* constante del pecado, en la reconciliación.

Peligro de apagar el deseo

El deseo puede ser apagado, como el fuego por falta de aire. ¿Cómo se produce eso? Probablemente por deslizamientos imperceptibles. Al deseo natural de conocer, que es una manifestación normal de la actividad de la inteligencia —una curiosidad de buena calidad, loable, necesaria— se opone su defecto, la atracción cada vez más exclusiva por lo creado, la invasión de conocimientos efímeros e inútiles a expensas del conocimiento de la Escritura santa que alimenta en profundidad y permanece. La falta de ayuno de la mirada no favorece la interioridad.

¿Qué había cometido de reprensible la esposa del *Cantar de los Cantares* que no quería ya abrir su puerta? Nada grave en apariencia: está bien sin él, prefiere sus comodidades, pero «el que busca a Dios queriéndose estar en su gusto y descanso, de noche le busca y así no le hallará»[5]. Una especie de *acedia*, entre sueño y pereza. Tibieza: el cura de Ars califica ese estado de *abominable.* La Iglesia de Éfeso, en el

---

[5] San Juan de la Cruz, *Cántico espiritual B,* canción 3, 3.

Apocalipsis, había perdido el ardor de su primer amor: pesadez, tristeza, falta de celo. Ni fría ni caliente, se ha vuelto tibia —como Laodicea— e indiferente, prefiere ir según la marcha del mundo, dejar de ser puesta aparte, dejar de ocuparse de las cosas de arriba.

Entre diversas formas de exceso, señalemos dos que pueden llevar a la pérdida del deseo de Dios:

—El *exceso en el trabajo.* Se puede insensiblemente, con las mejores intenciones, incluso al servicio de la misión, desarrollar una sobreactividad con potencial adictivo. Los fundadores, los santos, los grandes misioneros, Teresa de Jesús, François Régis, Madre Teresa de Calcuta y tantos otros oraban de noche; el papa Francisco también. Es capital dejar conscientemente lugar al tiempo libre, que ofrecerá el oxígeno indispensable para el equilibrio; importante tener desiertos reparadores, tiempos para la irremplazable *lectio divina* y la oración. Se recomienda, cuando se tiene consciencia de un debilitamiento de las fuerzas, retomar un libro mayor que arrastre el alma. Cada uno tiene el suyo. Teresita pedía de modo carismático un texto de *La Imitación de Cristo.* Si no, se pierde poco a poco el deseo de buscar a Dios, nos deslizamos incluso en el agotamiento... a veces hasta quedar quemados.

—El *exceso de tipo afectivo,* apegamiento excesivo, corazón dividido, falta de libertad del alma, apagamiento, tibieza, pérdida del gusto por las cosas de arriba. El santuario del alma no está ya protegido, la cámara nupcial, el tiempo del corazón a corazón con él solo, Cristo, *ipsi soli.*

Reanimar el deseo está a nuestro alcance

«*Verdaderamente Tú eres el Dios escondido*» (Is 45, 15). Cuando el deseo enmudece, revestido de una túnica de pobreza e incluso como ausente, uno se siente indigente. Sin embargo, el Santo deseo (el Espíritu) gime en el fondo de nuestro ser. No espera sino nuestra pequeña buena voluntad para mostrarse. Pablo exhortaba a Timoteo a reanimar la llama: «*Te recuerdo que tienes que reavivar el don de Dios que recibiste por la imposición de mis manos*» (2 Tm 1, 6). Necesitamos colaborar con Dios por la paciencia, reactivar nuestra pobre fe. El Espíritu nos ayudará a romper el espíritu de pereza.

San Agustín nos dice:

> Dios, haciendo esperar, aumenta el deseo; haciendo desear, ensancha el alma; ensanchándola, aumenta su capacidad de recibir [...]. Supón que Dios quiere llenarte de miel: si tú estás lleno de vinagre, ¿dónde pondrás esa miel? Hay que vaciar el contenido del vaso, hay que limpiar el vaso, hay que limpiarlo a fuerza de trabajar, a fuerza de frotar, para que sea capaz de recibir otra cosa. Dios te ha hecho un ser de deseo y tu deseo es él, Dios[6].

Con María, cuyo inmenso deseo atraerá al Verbo, deseamos que Cristo sea conocido y amado por todos, la Santa Iglesia unida y santificada, los pecadores convertidos, deseamos ardientemente que Jesús vuelva al fin en la gloria.

---

[6] San Agustín. *Sermón sobre la primera carta de san Juan.*

Ejercicio espiritual

Se pueden usar cuadernitos en los que anotemos los pasajes de la Escritura que se nos han clavado como flechas, palabras que nos ayuden luego a reavivar el deseo de Dios.

3. LA DETERMINACIÓN

Anne de Jésus Idiartegaray

> «Importa mucho y el todo [...] una grande y muy determinada determinación de no parar hasta llegar a ella [la unión con Dios], venga lo que viniere, suceda lo que sucediere, trabaje lo que trabajare...»[1].
>
> SANTA TERESA DE JESÚS

El término «determinación» remite espontáneamente, para quien tiene algún conocimiento de formación carmelitana, a santa Teresa de Jesús, muy conocida por insistir en la necesidad de esta. Pero no hay que confundirse sobre este asunto. La *Madre* no hace depender la fecundidad de nuestra vida espiritual de una especie de voluntarismo ni de la fuerza de nuestros puños. Su experiencia le ha mostrado, por el contrario, la gran necesidad de poner nuestra voluntad —capacidad de amar— en seguir a Cristo.

Indispensable determinación

Cómo han de comenzar, digo que importa mucho y el todo una grande y muy determinada determinación de

---

[1] Santa Teresa de Jesús. *Camino de perfección,* Códice de El Escorial, cap. 35.

no parar hasta llegar a ella [la unión con Dios], venga lo que viniere, suceda lo que sucediere, trabájese lo que se trabajare, murmure quien murmurare, siquiera llegue allá, siquiera se muera en el camino o no tenga corazón para los trabajos que hay en él, siquiera se hunda el mundo...[2].

Lo que dice es claro y contundente, pues Teresa habla de «una grande y muy determinada determinación». Pero la *Madre*, según su costumbre, no se contenta con exhortarnos. Argumenta dirigiéndose a nuestra inteligencia, despertando nuestro deseo y tratando de encender nuestro corazón, de motivarnos en profundidad.

¿Por qué esta determinación es tan importante en nuestro camino hacia la unión con Dios, incluso para nuestra vida aquí en la tierra? En primer lugar, porque eso vale la pena. La belleza justifica nuestro compromiso. Luego, porque las dificultades no faltarán, y se trata de no dejarse detener o retrasar en el camino. Finalmente, porque asuntos importantes van unidos a nuestra perseverancia en la vida espiritual: «Si el que comienza se esfuerza con el favor de Dios a llegar a la cumbre de la perfección, nunca va solo al cielo; siempre arrastra a mucha gente tras sí»[3].

Insuficiente determinación

Teresa, que enseña siempre a partir de su propia experiencia, ha aprendido, sin embargo, no sin pena ni dolor, que nuestra (buena) voluntad, por firme

---

[2] *Ibid*. Códice de Valladolid, cap. 21.

[3] *Libro de la Vida*, 11, 4.

que sea, no bastaría. Dios no se conquista. La vida espiritual no es un asunto de hazañas personales y de éxito. Quien se apoya en sus solas fuerzas no alcanzará jamás el objetivo.

Así, la determinación, para ser fecunda, deberá siempre ir acompañada por una profunda humildad. Esta consistirá ante todo aquí en esperarlo todo de Dios y dar prueba de paciencia y confianza. Se trata por cierto de poner de nuestra parte, pero comprender y experimentar poco a poco nuestra profunda incapacidad para salvarnos por nosotros mismos, para transformarnos. La determinación que se espera de nosotros presenta igualmente el rostro del consentimiento, de la apertura a la acción de Dios: «Desta determinación [...] gusta su Majestad de querer que resplandezcan sus obras en gente flaca, porque hay más lugar de obrar su poder, y de cumplir el deseo que tiene de hacernos mercedes»[4]. Dios no espera de nosotros que seamos héroes, campeones de la santidad, sino que le dejemos tomar en nuestras vidas todo el lugar que le corresponde.

«En todo es menester discreción. Tener gran confianza, porque conviene mucho no apocar los deseos, sino creer de Dios, que si nos esforzamos poco a poco, aunque no sea luego, podremos llegar a lo que muchos santos con su favor»[5]. Esta unión con Dios requiere un largo proceso, que llegará a su fin —¡qué buena noticia!— puesto que depende de Dios, pero demandará de nosotros paciencia, perseverancia

---

[4] *Conceptos del Amor de Dios,* 3.

[5] Santa Teresa de Jesús. *Libro de la Vida,* 13, 2.

y profundidad constante de nuestra confianza en el poder de su gracia.

El justo reparto

Una de las claves de la vida espiritual, sobre la que Teresa —y en general la espiritualidad carmelita— insiste mucho, es que nuestro rol consiste ante todo en disponernos para que Dios pueda cumplir su obra en nosotros y a través de nosotros. Es, por tanto, él quien tiene el rol principal, y no puede «actuar» si no le permitimos hacerlo. Un rol que nosotros podemos a veces, sin querer, estorbárselo, apostando mucho por nosotros mismos y dejándole muy poco las riendas de nuestra propia vida.
Así Dios, poco a poco, va a trabajar y modelar nuestros corazones para que aprendamos a «dejarnos llevar», no volviéndonos irresponsables o desentendiéndonos, sino situándonos en nuestro propio sitio, el de criatura, el de colaborador activo y confiado en la obra que le corresponde. *«Sin mí no podéis hacer nada»* (Jn 15, 5), nos dice Jesús... no para rebajarnos, sino para liberarnos. Es muy bueno, en efecto, experimentar que Dios es el garante de nuestra vida. Eso quita mucho peso de nuestros hombros.

¿Cuál es nuestro rol en todo eso? Comprometernos con todo nuestro ser para que el Señor encuentre en nosotros un corazón abierto, disponible, y que pongamos los menores obstáculos posibles a su acción en nosotros y a través de nosotros. Eso pasa por una firme determinación en la práctica, en particular en la fidelidad a la vida de oración.

Recordemos a este propósito que vida de oración significa no solo ratos de oración ofrecidos fielmente, sino también búsqueda de coherencia entre esos tiempos y el resto de nuestra existencia.

Confianza, tú llegarás...

«Tú llegarás». Así termina la *Regla* de san Benito. Y Teresa nos dice: «Quien ve en sí tal determinación no tiene nada que temer, absolutamente nada»[6]. Sí, alcanzaremos el objetivo, llegaremos en ese sentido... no en el sentido de un logro humano.

Teresa aún puede aportarnos una preciosa luz para asegurar nuestros corazones en este camino, si nos hiciese falta, cuando nos dice que «lleva el Señor por diferentes caminos»[7]. No tengamos pues ningún temor sobre esto. Dios sabrá siempre adaptarse a nosotros, a nuestra particularidad, a nuestro ritmo. No tenemos nada que temer de él. Lo importante es que hoy, tal como somos y ahí donde estamos, elijamos resueltamente seguirle. Y si nos falta confianza y determinación para eso, no bajemos los brazos, sino mendiguemos su gracia y confiémonos a la intercesión de la Virgen María y de la *Madre*. Así, no solo cada uno de nosotros llegará, sino mejor aún, llegaremos juntos...

---

[6] *Libro de la Vida,* 11, 12.

[7] *Fundaciones,* 18, 6.

Ejercicio espiritual

— Puedo agradecer al Señor el deseo que ha puesto en mi corazón de seguirle, y pedirle que fortifique mi determinación y mi confianza en el poder de su gracia.
— Puedo pedir al Señor que me ilumine sobre mi postura ante él, sobre la manera en que le dejo «actuar» su rol y en la que asumo el mío.

4. EL CELO APOSTÓLICO

Jean-Luc du Saint Nom de Marie Lorbel

«Conservemos, pues, el fervor espiritual. Conservemos la dulce y confortadora alegría de evangelizar, incluso cuando hay que sembrar entre lágrimas. Hagámoslo [...] con un ímpetu interior que nadie ni nada sea capaz de extinguir. Sea esta la mayor alegría de nuestras vidas entregadas»[1].

SAN PABLO VI

Se oye a veces hablar del celo religioso de forma peyorativa o irónica como sinónimo de proselitismo. En un mundo secularizado, el ejemplo de personas celosas en el anuncio del Evangelio puede parecer que procede, incluso a la mirada de creyentes, de una especie de exageración, o de integrismo.

Sin embargo, según santo Tomás de Aquino, lejos de ser un simple complemento en la vida de fe, el celo apostólico tiene un lugar de elección entre las virtudes cristianas. Habrá pues un buen celo, dado por Dios. Algunas reflexiones pueden quizá

---

[1] San Pablo VI, *Evangelii Nuntiandi*, 80.

ayudar en este discernimiento y reconciliarnos con lo que se manifiesta como un ardor para vivir la fe y comunicarla a los demás. Al final, nos podemos preguntar en qué medida nosotros tenemos celo por el Evangelio.

Una pasión

En primer lugar, para aclararnos, encontramos en Cristo el ejemplo perfecto del celo por Dios y sus designios. En el episodio de los vendedores expulsados del Templo (cf. Jn 2), Juan nos dice que los discípulos se acuerdan de un versículo de la Palabra: «*El celo de tu casa me consume*» (Sal 69, 10). Jesús estaba consumido por el amor del Padre. Estaba todo entero consagrado a su misión. No temía la adversidad. Incluso hasta la muerte, no se ha desviado de su llamada, su único objetivo era cumplir la voluntad del Padre. Así, quien tiene celo por Dios le da toda su vida y todo su corazón en sacrificio vivo y no retiene nada para sí mismo y sus proyectos personales.

El profeta Elías, por su parte, está lleno de un celo celoso por el Señor (cf. 1 R 19, 10). En hebreo, esta celotipia traduce un impulso que empuja a acercarse a Dios. Por tanto, el celo es ante todo pasión por Dios, deseo que nos impulsa a experimentar su Amor y nos transforma en testigo auténtico de ese amor, buscando darlo a conocer, compartirlo con los demás según nuestra llamada personal. El celo se expresa también en la acción: «*Diligentes en el deber, fervorosos en el espíritu, servidores del Señor*» (Rm 12, 11). En efecto, es ese fuego que arde en nosotros y nos impulsa a hacer cosas a las que nunca nos hubiéramos atrevido antes, como los apóstoles en Pentecostés.

Una necesidad

El papa Francisco declara en su ciclo de catequesis dedicadas a la evangelización que «cuando la vida cristiana pierde de vista el horizonte de la evangelización, el horizonte del anuncio se enferma» y que «sin celo apostólico, la fe se marchita»[2].

En la perspectiva paulina, el celo es un elemento constitutivo de la armadura que debe revestir el cristiano para el combate espiritual: «*Estad firmes [...] y calzados los pies [con el celo], prontos para proclamar el Evangelio de la paz*» (Ef 6, 14-15). El celo, traducido aquí por el griego *etoimasia*, está asociado no solamente a la actitud de quien se mantiene alerta, preparado para actuar, sino también a la idea de tener un apoyo firme y estable para avanzar cualesquiera sean el terreno y las dificultades.

Podemos amar al Señor, pero si carecemos de celo, nos arriesgamos a ser detenidos por los ataques del Adversario. Del mismo modo que no se puede marchar por un camino o correr sin el calzado adecuado, no se puede servir al Señor hasta el final sin el celo apostólico.

---

[2] Francisco, Catequesis del miércoles 11.I.2023. «La pasión por la evangelización: el celo apostólico del creyente».

Alimentar el fuego

Cuando nuestro celo apostólico comienza a declinar, nos conviene, en primer lugar, plantearnos la cuestión de nuestra fe en Cristo y dejar enraizarse en nosotros esta verdad: Jesús es la respuesta de Dios a los desafíos de la humanidad, en todo tiempo. Inspirémonos con frecuencia en el fervor de los santos predicadores y evangelizadores cuya vida entregaron al apostolado y fomentemos las actitudes que nos abren a la acción del Espíritu Santo. En efecto, se puede decir que el Espíritu Santo es el agente principal de la evangelización: es él quien impulsa a cada uno a anunciar el Evangelio y quien hace aceptar y comprender la Palabra de salvación (cf. Vaticano II, *Ad gentes* 4).

Criterios del buen celo apostólico

Jean-François Callens, llamado Doudou, laico casado de la Comunidad de las Bienaventuranzas, fallecido en 2014, predicador celoso, señalaba algunos criterios para caracterizar el celo que viene de Dios:

— Tal celo está iluminado por la voluntad de Dios y se opone a la actitud de quien busca por sí mismo lo que desearía hacer por Dios.
— Tal celo es desinteresado. Viene de la gratuidad de la disponibilidad para hacer la voluntad de Dios.
— Tal celo procede del amor por Dios. Eso supone el olvido de sí para servirle con alegría.
— Tal celo implica hacer de la voluntad de Dios su morada. Eso se manifiesta por un abandono en las manos de Dios y una confianza filial en él.

Conclusión

Se puede, pues, en un primer momento, recordar que el principal campo donde debemos tener celo es en nuestra vida espiritual, ya que todo lo que hacemos por el Reino debe ser fruto de nuestra relación con el Espíritu Santo.

El celo apostólico se enraíza en la oblación de sí mismo; se vive en la caridad fraterna. Es también el Espíritu quien anima la vida misionera. Todo, sin embargo, debe ser para la gloria de Dios. Es el fervor que se expresa en dedicación, en solicitud, en servicio y en fidelidad. El celo apostólico tiene por finalidad última la salvación de las almas y responde así al deseo de Cristo de encender el mundo con el fuego de su Amor.

El celo apostólico permite avanzar, sin miedo a herirse, a un soldado calzado para el combate, cualesquiera que sean las dificultades del terreno. Los apóstoles supieron superar todas las oposiciones y las amenazas, fueron victoriosos (cf. Hch 4, 20).

Necesitamos tener celo, no solo para avanzar en seguimiento de Cristo, sino también para correr al combate ligado al anuncio del Evangelio. Recemos para obtener este celo que nos fortifica en nuestro testimonio y da a nuestra intención de servir al Señor ir hasta el final. Pidamos el Espíritu de fortaleza, de determinación, de fervor, de entusiasmo para ser testigos celosos y poder así inspirar a los demás el deseo de conocer a Cristo.

Ejercicio espiritual

— ¿Me siento portador de una esperanza para nuestro mundo?
— ¿Dónde está mi tesoro? ¿Qué pensamientos y preocupaciones habitan mi corazón? ¿Qué lugar real ocupan Cristo y su Evangelio en mis prioridades personales?
— La Virgen María ha pensado en los demás, no en ella misma, y eso ha dado dinamismo y entusiasmo a su vida. ¿Cómo reacciono ante las necesidades que veo a mi alrededor? ¿Me intereso y estoy disponible?

5. CONOCIMIENTO DE DIOS Y CONOCIMIENTO DE SÍ

Joumana Khalil

> «Y conocer también el amor de Cristo, que supera todo conocimiento, para que os llenéis por completo de toda la plenitud de Dios».
>
> Ef 3, 19

Conocer, en sentido bíblico, es entrar en una relación personal, es «comprender» en el sentido de «abarcar», es amar, es unirse. La Biblia abunda en términos de conocimiento de Dios, eso es darnos a gustar esta intimidad del amor que comprende lo que somos, que nos libera y nos hace llegar a nosotros mismos. La oración es el camino para crecer en este conocimiento. ¿No es un diálogo profundo entre el alma y Dios que hace nacer una intimidad que puede llegar hasta la unión de las voluntades? Pero, si la oración me permite recorrer este camino hacia mi propio corazón, es ante todo porque yo mismo soy conocido, comprendido, amado, salvado.

Dios me conoce

«Natanael le dijo: "¿De qué me conoces?"» (Jn 1, 48). *«Antes de plasmarte en el seno materno, te conocí,*

antes de que salieras de las entrañas, te consagré»
(Jr 1, 5). La oración me coloca delante del Viviente
que es mi creador y mi salvador. Él me conoce desde
antes de mi concepción, me ha acompañado en
todos mis caminos, conoce mi corazón mejor que
ningún otro, y esto desde siempre. El salmo 139 lo
dice de principio a fin.

Este conocimiento es la presencia y la proximidad
de Dios, que es «más íntimo a mí que yo mismo»[1],
según las palabras de san Agustín: me conoce y desea
revelarse a mí.

Me invita a conocerle en el Espíritu Santo

*«Esta es la vida eterna: que te conozcan a ti, el
único Dios verdadero, y a Jesucristo, a quien tú has
enviado»* (Jn 17, 3).

Según el relato de Adán y Eva, se puede considerar
que la raíz del pecado está ligada a un cierto miedo
de Dios que engendra la desconfianza. Esta última
puede venir de imágenes falsas que habitan nuestra
imaginación, nuestro inconsciente o nuestro corazón
herido. Pero el deseo de Jesús es darnos acceso al
fruto que nos cura de eso: el conocimiento verdadero
del Padre, que «no es más que amor y misericordia»,
y la relación viva con él, Jesús, que nos da gratuito
acceso a la vida eterna desde hoy.

«Condúzcame el rey a sus alcobas» (Ct 1, 4), declara la
esposa del *Cantar de los Cantares,* consciente como

---

[1] San Agustín, *Confesiones,* 3, 6, 11.

es de estar llamada a la unión con el Esposo. Esas «alcobas» nos recuerdan el «castillo interior» en su habitación más recóndita, ese «recinto» donde Dios se revela al alma y le concede conocerle por la gracia del Espíritu Santo. Cuando tomo regular y fielmente el tiempo de quedarme en silencio y de ponerme a la escucha, hago la experiencia de un conocimiento más profundo de Dios a través de una luz interior, una inspiración o de palabras de la Biblia que surgen en mí con una luz nueva. «*Dios de ternura y de piedad*» (Sal 86, 15); «*Dios es amor*» (1 Jn 4, 16); «*Yo soy el camino, la verdad y la vida*» (Jn 14, 6); «*el esposo*» (Mt 9, 15; Mt 25, 6; Jn 3, 29); «*el consolador*» (Jn 15, 26, hablando del Espíritu Santo), etc. Así aumenta un conocimiento espiritual que el contemplativo capta en una luz divina: «Dios se entrega como luz por el don de entendimiento y se hace experimentar como amor por el don de sabiduría»[2]. Según el avance en la contemplación, el alma conocerá a Dios en grados diferentes yendo del «conocimiento de fe de la verdad revelada» a «la unión transformante» (esta frase es de santa Teresa de Jesús, detallada por el Padre Marie-Eugène de l'Enfant Jésus[3]).

Por otra parte, la práctica fiel de la oración afina los «sentidos espirituales» de los que hablan los Padres de la Iglesia: la vista, el oído, el tacto, el olfato y el gusto de Dios. Por la oración, dimensiones espirituales nuevas se abren en el hombre y por su espíritu deviene capaz de ver a Dios que está «con nosotros», de oírle en el fondo de su corazón y en su

---

[2] P. Marie-Eugène de l'Enfant-Jésus, *Je veux voir Jésus,* Éd. du Carmel, p. 509.

[3] *Ibid*. p. 34ss.

Palabra, de tocar su presencia, de sentir el perfume suave y gustar la bondad: «*Gustad y ved qué bueno es el Señor*» (Sal 33, 9).

Esta luz espiritual adquirida por la oración conduce poco a poco a un conocimiento mayor de sí.

Él me invita a conocerme en él

«*Sin saber cómo, mi deseo me puso en los carros de Aminadib*» (Ct 6, 12), canta la esposa del *Cantar de los Cantares*. Es el encuentro del amor que va a revelarle quién es ella en verdad, pues se descubre a través de los ojos del amado. Es así cómo el conocimiento de Dios no se produce sin el conocimiento de sí mismo, pues la relación con lo divino le revela al hombre a sí mismo, y como es el caso en toda relación de confianza, desaparecen las resistencias interiores: estar en la presencia de Dios es a la vez estar en la luz del amor y de la verdad, pues «*misericordia y fidelidad se encontrarán*» (Sal 85, 11).

Cuando mi rato de oración se convierte en silencio del encuentro, escucha, acogida, el Señor, que vela por mi felicidad, me revela los tesoros de mi ser, las bellezas ocultas que construyen mi unicidad, mis riquezas espirituales, y también las incoherencias que debo trabajar, las malas hierbas que arrancar, las piedras pesadas que remover y las ramas secas que cortar en mi jardín interior. En otros términos, la vida de oración abre mis ojos a la belleza que hay en mí así como a todo lo que impide mi avance espiritual y mi unión con Dios: pecados, apegos, malas tendencias, etc.

Con el tiempo y la atención prestada de forma fiel a la presencia constante de Dios en ella, la persona que reconoce sus puntos fuertes y sus puntos débiles deviene más vigilante, sensible a los movimientos interiores de su corazón, y fina en su discernimiento de las voces que le parece oír: así, un pensamiento de celotipia o de juicio será advertido desde su aparición y sustituido por una palabra de bendición, o uno de autodesprecio hará nacer, en lugar de la crítica o de la queja, un parón interior lleno de humor consigo mismo. «Es este conocimiento de sí mismo a la luz de Dios lo que asegurará a la vida espiritual [del alma] su equilibrio, que la hará humana al mismo tiempo que sublime, práctica y al mismo tiempo muy alta»[4]. Dios ama desvelarse, y porque nos llama «sus amigos», se nos revela y nos revela a nosotros mismos.

Dejémonos llevar en este movimiento de amor cuya palabra clave es «humildad».

Ejercicio espiritual

Hago memoria de lo que Dios me ha revelado de él, a través de uno u otro de sus atributos. Me detengo ahí, dedico un tiempo a gozar interiormente de este «desvelamiento divino» y le pido que se revele más.

---

[4] P. Marie-Eugène de l'Enfant-Jésus, *op. cit.,* p. 41.

6. ORACIÓN Y POBREZA ESPIRITUAL

Jacques Philippe

> «El único bien es amar a Dios con todo el corazón
> y ser aquí abajo pobre de espíritu»[1].
>
> SANTA TERESA DE LISIEUX

Bienaventurados los pobres

La primera de las Bienaventuranzas en el evangelio según san Mateo, que introduce y contiene todas las demás, es *«Bienaventurados los pobres de espíritu»* (Mt 5, 3). A esta bienaventuranza está asociada una promesa magnífica: entrar en posesión del Reino de los Cielos, es decir, de toda la riqueza de la vida divina. Lo que es precisamente el objetivo de la vida de oración. Hay por tanto un vínculo entre la pobreza espiritual y la vida de oración.

Está claro que Dios no puede comunicarse plenamente más que a un corazón de pobre. Si estoy lleno de apegamientos y de búsqueda de seguridades humanas, ¿cómo podría Dios encontrar sitio en mi corazón? Para una vida de oración auténtica, es pues necesario «obrar en despojarse y desnudarse por

---

[1] *Manuscrito A,* 32v°.

Dios de todo lo que no es Dios»[2], es decir, aprender a no tener otro apoyo que Dios, otra seguridad que su misericordia infinita.

La perseverancia en la oración implica una cierta experiencia de pobreza. Esta es la paradoja de la oración: es una gran riqueza, nos hace a veces tocar el Cielo y colma nuestro corazón con una plenitud que ninguna realidad de este mundo puede darnos, permaneciendo al tiempo en una experiencia radical de pobreza. El camino hacia la gloria de Dios es un camino de pobreza y de humildad. El camino hacia la cima de la montaña es a veces una bajada dolorosa.

La primera razón es que, en el asunto de la oración, no existe ninguna técnica, ningún método que pueda asegurarnos que nuestra oración será siempre satisfactoria. La oración no es una técnica que se pueda dominar, sino una búsqueda, una aventura, en la que somos totalmente dependientes de Dios, que a veces nos deja en nuestra miseria y a veces viene a consolarnos y colmarnos sin que hayamos hecho nada para merecer eso. No se puede manipular a Dios; no tenemos ninguna influencia sobre él. Si él se da, es siempre libre y gratuitamente. Por supuesto que responde a nuestra búsqueda, pero nunca de tal manera que pudiésemos pensar que eso proviene de nuestros esfuerzos.

La segunda razón es que la perseverancia en la oración nos hace entrar más profundamente en la luz de Dios. Esta puede a veces ser dulce y consoladora, pero otras veces también es dolorosa y humillante.

---

[2] San Juan de la Cruz, *Subida del Monte Carmelo,* libro 2, cap. 5, 7.

Como un rayo de sol que atraviesa una habitación oscura pone en evidencia todo el polvo que no se ve de ordinario, la luz divina revela nuestro pecado, nuestras heridas, nuestro secreto orgullo, todo lo que en nosotros es aún contrario a la pureza absoluta del amor divino y a la verdad del Evangelio.

Los ratos de oración no son siempre momentos de alegría y de dulce intimidad con Dios. Son a veces momentos de combate y de oscuridad, en los que todo lo que no va bien en nuestra vida, nuestra miseria radical, nuestra impotencia absoluta, nos dan en la cara. Eso no es confortable para nuestro orgullo, pero es una necesidad para nuestra conversión. Quien no conoce sus enfermedades no se puede curar. Solo la verdad nos hace libres. Esta experiencia dolorosa de pobreza nos obliga a perder todas nuestras pretensiones, toda nuestra suficiencia, y a clamar a Dios para que tenga misericordia de nosotros. Eso es una gran gracia que nos conduce a poner nuestra esperanza en él y no en nosotros mismos, y también a ser comprensivos con los demás. Yo que soy tan pobre, ¿cómo puedo permitirme juzgar a cualquiera?

Se puede decir que en el camino de la vida espiritual, y en la oración en particular, Dios nos priva progresivamente de toda posibilidad de apoyarnos sobre otra cosa que él. El cura de Ars decía: «Dios me ha hecho esta gran misericordia de no poner nada en mí sobre lo que me pueda apoyar: ni talento, ni ciencia, ni sabiduría, ni fuerza, ni virtud»[3]. Si tenemos algún talento o fortaleza, a buen seguro hay que ponerlos al

---

[3] San Juan María Bautista Vianney, *Pensées,* Presentados por B. Nodet, Artege, p.260.

servicio del Señor. Pero lo que debemos evitar a toda costa es apoyarnos en ellos y no en Dios solo.

Fe, esperanza, caridad y pobreza espiritual

Lo que funda la vida de oración es el ejercicio de la fe, de la esperanza, del amor. Pero está claro que en cada una de las virtudes teologales hay cierta forma de pobreza. Creer es ni ver, ni sentir, ni comprender. Esperar es aguardar con confianza, pero no es aún poseer. Como dice san Pablo, «*una esperanza que se ve no es esperanza*» (Rm 8, 24). Amar es también una pobreza: es no vivir ya para sí mismo sino para el otro. El amor verdadero supone una renuncia a toda forma de propiedad. Amar al otro es acogerle y respetarle sin ninguna tentativa de apoderarse, de manipulación, de posesión.

Pobreza y libertad

En sus consignas a los apóstoles antes de enviarlos en misión, Jesús les dice: «*Gratuitamente lo recibisteis, dadlo gratuitamente*» (Mt 10, 8). Es una frase clave del Evangelio, y me parece que se puede encontrar ahí una perfecta descripción de la pobreza espiritual. El pobre es quien es capaz de recibirlo todo gratuitamente: recibir no en virtud de un derecho, de un mérito, de una reivindicación, de una dignidad que se pudiera hacer valer, sino recibir con sencillez, solo en virtud de la generosidad del Donante.

El pobre es también el que sabe dar gratuitamente: no retener nada de lo que ha recibido, no aprovecharlo para hinchar su *ego* sino ponerlo al servicio de los demás. Considerarlo todo como un don, no como algo debido. No pedir nada a cambio. Considerarse siempre como el servidor inútil que no ha hecho más que su deber y no reclama recompensa o gratificación particular por lo que ha hecho. Eso es sabiduría... pues si recibimos nuestra recompensa por nuestros méritos, no tendremos gran cosa... Si esperamos nuestra recompensa de la pura misericordia de Dios, tendremos mucho más.

Es por lo que Teresa de Lisieux dice: «No hay alegría comparable a la que goza el verdadero pobre de espíritu»[4]. En el contexto de estas palabras, la alegría es la de sentirse libre, por estar desprendido de todo. El pobre es el que no tiene nada que defender, nada que perder, pues le ha dado ya todo a Dios y lo espera todo de él. Se ha perdido por Dios y así lo ha ganado todo.

Finalmente, si soy verdaderamente pobre de corazón en mis actividades apostólicas y mis relaciones, seré capaz de dar a Dios. Si soy rico de mí mismo, son mis impresiones, mis ideas, etc. lo que comunicaré. Solo la pobreza de corazón nos hace transparentes para la obra de Dios.

Ejercicio espiritual

Durante un rato de oración, puedo pedir la gracia de ver el lado luminoso de algunas de mis pobrezas. ¿Cómo el Señor ha podido hacer de ellas un camino

---

[4] *Manuscrito C,* 16vº.

de humildad, de alegría, de sencillez? ¿Qué frutos dan en mi vida de hoy?

Puedo dedicar un tiempo a meditar estas palabras de Teresa de Lisieux sobre la pobreza espiritual: «Hay que consentir ser pobre y sin fuerza y eso es lo difícil, pues "¿Dónde se encontrará al verdadero pobre de espíritu? Hay que buscarlo muy lejos", es decir, en la bajeza, en la nada... ¡Ah! estemos bien lejos de lo que brilla, amemos nuestra pequeñez, amemos no sentir nada, entonces seremos pobres de espíritu y Jesús vendrá a buscarnos, por lejos que estemos, él nos transformará en llamas de amor...»[5].

[5] Extraído de la Carta 197 a Sor Marie du Sacré Cœur.

7. LA RELECTURA DE VIDA

Marie-Bénédicte Jaulme

> «El hombre es creado para alabar, hacer reverencia y servir a Dios nuestro Señor y, mediante esto, salvar su alma. Y las otras cosas sobre la haz de la tierra son creadas para el hombre, y para que le ayuden en la prosecución del fin para el que es creado»[1].

SAN IGNACIO DE LOYOLA

¿Por qué releer nuestra vida?

Dios actúa en nuestras vidas, sin cesar. La relectura de vida es una manera de prestar atención a la manera en que el Señor obra en nosotros.

En la vida ordinaria, la vida de Dios se comunica a través de los acontecimientos, los encuentros, la oración. La relectura es preciosa para conocer la manera en que Dios se ha manifestado. Se trata de recordar los beneficios recibidos de él. El objetivo es buscar cómo me conduce Dios, cómo se me revela de manera absolutamente única. Esto permite percibir mejor su voluntad, discernir con más claridad a qué me llama y cómo, y así disponer mi vida con él. Se puede releer la propia vida en su totalidad en

---

[1] *Ejercicios Espirituales,* Principio y Fundamento, 23.

acontecimientos clave, por ejemplo, con ocasión de un jubileo o en un momento de discernimiento importante. Pero antes de lanzarse a este tipo de relectura, es importante aprender a realizarla en un periodo de tiempo más corto, como es el día a día.

¿Cómo proceder?

Se trata de un rato de oración cotidiana, corto pero consecuente, de diez a quince minutos, durante el día o al atardecer, a fin de discernir cómo ha estado Dios presente ahí, y también cómo he estado yo presente a su acción. Para que dé fruto, esta relectura debe ser cotidiana. Por una parte, porque si se la practica todos los días, se entra en el método más fácilmente; por otra, porque si no, no nos acordaremos ya de nada.

Antes de comenzar mi relectura, me pongo en espíritu ante la finalidad de mi vida. Según una expresión de san Ignacio, el objetivo último de la vida cristiana es que «todo lo que quiero, todo lo que veo, todo lo que hago sea puramente ordenado al servicio y la alabanza de Dios»[2]. Se trata de colocarse frente a nuestra identidad y vocación de hijo de Dios, y frente a lo que deseamos en lo más profundo de nuestro ser.

La primera etapa de la relectura es la acción de la gracia. Lo primero es discernir la acción de Dios en mi vida y darle gracias por eso. Así estoy centrado en mi vocación primera que es dar gracias.

---

[2] *Ejercicios Espirituales,* 46.

En un primer momento, en la oración, dejo volver a mi memoria las etapas de la jornada y estoy atento a lo que veo como beneficios de Dios, lo que me consolida, lo que me dinamiza en mi relación con él, con los demás, conmigo mismo. La tradición ignaciana habla de lo que procede del «buen espíritu», del Reino, de la vida de Dios en mí. Si estoy atento, habrá una, dos o tres cosas que vendrán a mi memoria. Así reconozco las señales de la presencia de Dios a mi lado.

Esta etapa llama a la memoria del corazón, a la memoria espiritual. Es una gestión del corazón no una operación intelectual. Luego, me alegro ante el Señor de lo que me ha dado, de mi relación con él.

Cuando he vivido esta primera etapa, paso entonces a la segunda, la de la reconciliación. Como antes, traigo a mi memoria lo que ha sido rechazo de la vida: lo que hubiese podido recibir, lo que hubiera podido dar a los demás y a mí mismo, lo de otro en lo que hubiese podido participar, en suma lo que ha sido un compromiso con lo que se puede llamar el «mal espíritu». Y como en la etapa anterior, hay dos o tres cosas que vendrán a mi memoria. Voy entonces a lamentarlas, entristecerme ante el Señor que es infinitamente bueno y misericordioso. Pero a pesar de mi pecado, el Señor me llama, confía en mí. Me vuelve a poner en ruta y me aguarda para continuar el camino. Y vuelvo a alegrarme.

Hay tres partes en esta etapa de la reconciliación: recordar lo que ha sido rechazo de la vida; entristecerme y lamentar eso; alegrarme por la bondad del Señor que a pesar de eso me llama. En esta etapa, voy a pasar de la amargura del pecado, del lamento, de la petición de perdón a la alegría de ser llamado de nuevo.

Como última etapa, voy a pensar en las veinticuatro horas que seguirán. ¿Dónde me espera el Señor? ¿En mi trabajo, en mis relaciones? ¿Hay que tomar una decisión difícil? Voy a presentarle todo eso, en una breve oración de confianza para esta nueva etapa en que me llama, donde me espera y donde estoy seguro de que estará a mi lado.

Frutos de este ejercicio

El primer fruto es el aprendizaje de una escucha profunda de Dios, del Espíritu Santo, el de discernimiento de espíritus, es decir, de la capacidad de reconocer lo que viene de Dios o no. Poco a poco, aprendo a tener una mejor percepción de lo que Dios hace en mi día, mi semana, en el mes que pasó. Adquirir este hábito permite percibir mejor lo que estoy viviendo con el Señor.

Puedo también decidir anotar brevemente lo que descubro. Es un útil precioso para la preparación de la charla espiritual y el sacramento de la reconciliación.

Poco a poco, tendré una vigilancia interior en relación con mis deseos, a lo que quiero, a lo que veo, a lo que hago en mi día. Eso me permitirá darme cuenta si estoy del lado del Espíritu Santo o si me cierro en mí mismo. Finalmente este ejercicio afina nuestros sentidos espirituales y produce un estado de vigilancia interior del que nos hablan los padres del desierto con toda la tradición del discernimiento. Es una ayuda poderosa para el combate espiritual.

Conclusión

La relectura de jornada es, por tanto, un medio espiritual al alcance de todos. Se trata de decidirse a ponerlo en práctica y perseverar para que nos proporcione los frutos que el Señor desea. Estamos invitados a releer nuestra vida para discernir la presencia y la acción de Dios.

Cuando he practicado este ejercicio espiritual cotidiano, puedo más fácilmente comenzar una relectura de vida sobre un periodo más largo. En efecto, tengo a mi disposición las notas que tomé regularmente que me ayudarán a recordar la acción de Dios en el mes, el año, y también mis dificultades y tentaciones.

Veo así el hilo rojo de mi vida. Puedo discernir cómo me conduce Dios en este momento o qué combate concreto debo emprender.

Ejercicio espiritual

Tengo la buena costumbre de releer mi jornada.

1. Me persigno. Me recojo.
2. Invoco al Espíritu Santo.
3. Me coloco ante la finalidad de mi vida: «Que todo lo que quiero...».
4. Doy gracias [en 2 momentos].

- Traigo a la memoria las etapas de la jornada que son signo de la acción de Dios en mi vida.
- Me alegro ante el Señor, fuente de vida.

5. Me dejo reconciliar [en 3 momentos].
   - Traigo a la memoria lo que ha sido rechazo de la vida en la jornada.
   - Me entristezco, lo lamento ante el Señor.
   - Pero a pesar de mi pecado el Señor me llama, confía en mí y cuenta conmigo y me alegro.

6. Vuelvo al seguimiento del Señor.

7. Termino con una oración que me gusta y una señal de la Cruz.

8. ¿POR QUÉ ESTAR ACOMPAÑADO?

Theresia Schuschnigg

> «Para que podamos alcanzar nuestra humanidad más plena, es necesario que de ese lugar en nosotros donde habita Dios, algo pueda remontar en nosotros hasta el nivel consciente y pueda, poco a poco, echar raíces allí»[1].

> ANDRÉ LOUF

Vida espiritual: estar en camino

Todo cristiano, lo sepa él o no, está llamado a vivir en el Espíritu, del Espíritu, y a crecer poco a poco en una intensa vida de unión con Dios. No es anodino hablar de *vida* de unión con Dios, de vida espiritual. Esta *vida* está sobre todo hecha de experiencias de Dios que alimentan nuestra relación con él, con nosotros mismos y con el mundo. Experiencias más bien que pensamientos. Se trata de una realidad compleja, hecha de intersubjetividad y de dinámica de crecimiento.

Así, podemos estar enfrentados a diversas preguntas: ¿Cómo saber si tal experiencia no es simplemente el fruto de mi imaginación o de mi deseo? ¿Es de verdad

---

[1] André Louf, *La grâce peut davantage. L'accompagnement spirituel,* DDB 1992, p. 50.

Dios quien está actuando o solamente mi psiquismo? ¿No me estoy engañando? Estas preguntas surgen inevitablemente cuando comenzamos a hablar no sobre Dios sino con él. Es precisamente en este campo de *vida* y de experiencia donde necesitamos estar acompañados. ¿Quién tiene pues necesidad de hacerse acompañar espiritualmente? Todos los que llevan una vida espiritual, y que, de hecho, tienen experiencia de Dios. Del más anciano, que avanza por esta vía desde hace mucho tiempo, al recién llegado que comienza apenas a dar sus primeros pasos.

Objeto del acompañamiento

¿Cuál es el objeto del acompañamiento? Mi experiencia de Dios. Eso parece evidente, pero no lo es siempre en la práctica. Hablar de nuestras experiencias de Dios no es cosa fácil. Más o menos conscientemente, podemos sentir resistencias, lo que es comprensible, pues se trata de nuestras vivencias más íntimas. Así que podemos estar tentados a poner el acento sobre otras cosas: preocupaciones, dudas, esperanzas y proyectos, preguntas, ideas, etc. Buscamos en quien nos acompaña una escucha empática, de ánimo, consuelo, soluciones a nuestros problemas, la confirmación de nuestras decisiones (o que alguien decida en nuestro lugar). Pues «esta roca [que buscamos] no es un ser humano cualquiera, sino el misterio que llamamos Dios, en la medida en que ese misterio puede ser experimentado en el corazón, la inteligencia y el alma de cada uno»[2].

---

[2] W. A. Barry y W. J. Connolly, *La pratique de la direction spirituelle*, DDB 1992, p. 35.

Corresponde, sobre todo, al acompañante dirigir el encuentro e impedir que le prestemos un rol que no es el suyo. Pero como acompañados también tenemos nuestra parte de responsabilidad. Si acepto que necesito ser acompañado en mi vida espiritual, puedo prepararme para eso y estar presente de modo más consciente.

Cuando decimos que el objeto del acompañamiento es la vida espiritual, eso no se limita, obviamente, a nuestra vida de oración. Todos estamos invitados a buscar la oración continua, es decir, la búsqueda de Dios en todas las cosas. La oración deviene continua cuando la atención está dirigida al Amado no solo durante los ratos de oración sino también durante los tiempos de trabajo, de relación con los próximos, de descanso, etc. Así, todo acontecimiento de mi vida cotidiana puede mencionarse durante una entrevista espiritual. Pero el foco no será el acontecimiento en sí, ni la manera en que lo he vivido o sentido, sino, a través de todo eso, la experiencia de Dios que haya podido tener en estas circunstancias precisas. Entonces «esta experiencia se mira no como un acontecimiento aislado sino como la expresión de la relación permanente establecida por Dios con cada uno de nosotros»[3].

De hecho, si creemos verdaderamente en un Dios vivo y presente, eso implica que este mismo Dios está vivo y presente en todo acontecimiento de nuestra vida cotidiana. Así, el acompañamiento espiritual tiene como objetivo hacer explícita y consciente esa experiencia de Dios. En efecto, solo

---

[3] *Ibid.*, p. 25.

una experiencia plenamente consciente hace posible la respuesta a las llamadas que Dios nos dirige.

Discernir los espíritus

El rol esencial del acompañamiento espiritual es ayudarnos en el discernimiento de los espíritus. Repasamos nuestras experiencias de Dios para profundizarlas y discernir juntos su naturaleza. Luego profundizamos y discernimos la respuesta a estas llamadas divinas que nos pueden llegar. Porque «ahí donde hablamos de vida, no podemos excluir el peligro de muerte. La promesa no se realiza sin condiciones. La vida puede decaer, terminar paralizada, asfixiarse, para apagarse, a fin de cuentas. En todo caso no queda inmóvil, pues la vida no se detiene jamás»[4].

El objetivo principal de este camino es permitir a Dios actuar directamente sobre su criatura, facilitar el encuentro con Dios a fin de que él pueda hacer lo esencial del trabajo. Quien nos acompaña está ahí para ayudarnos a dirigirnos directamente a Dios y a prestar atención a lo que Dios quiere decirnos sin intermediarios.

¿Por qué hacernos acompañar?

— Porque creemos en un Dios que es verdaderamente real, es decir, «presente, interesado, implicado, disponible para una interacción verdadera, que toma la iniciativa,

---

[4] André Louf, *op.cit.* p. 45.

en acción, en relación, deseoso, dispuesto a responder»[5] y queremos vivir de esta fe realmente.

— Porque necesitamos de un hermano o hermana en la fe para atrevernos a mirar de cerca a nuestra experiencia de este Dios real, para convencernos poco a poco del conocimiento personal que podemos tener de él, y para llegar a un cara a cara con este Dios que se ha convertido en algo real para nosotros.

— Para no alejarnos nunca de la cuestión central de toda vida humana: ¿Quién es Dios para mí y quién soy yo para él?

¿Cómo prepararme para una entrevista espiritual?

1. Volver a mi último encuentro espiritual: ¿Qué ha quedado de mi último encuentro espiritual sobre Dios y sobre mí mismo? ¿Qué ha pasado después?

2. Breve relectura de las semanas pasadas desde mi última entrevista espiritual: ¿Cuáles son los acontecimientos que me han impresionado principalmente? ¿Qué pasó?

3. Oración: Me pongo en presencia de Dios y trato de ver cómo ha estado presente en uno u otro suceso de mi vida. ¿Qué parece querer decirme y cómo parece desear actuar en mi vida? ¿Qué siento? ¿Qué deseo? ¿Qué quiero responderle?

---

[5] R. Marsh, *The Way* 53/4, 2014.

Ejercicio espiritual

Dedico tiempo a releer mi experiencia de acompañamiento (gracias y dificultades) y la pongo en presencia del Señor.

9. SANTIFICAR EL ESPACIO

Odile Haumonté

«El Señor es mi pastor, nada me falta.
En verdes prados me hace reposar;
hacia aguas tranquilas me guía; reconforta mi alma,
me conduce por sendas rectas por honor de su Nombre.
Aunque camine por valles oscuros, no temo ningún mal,
porque Tú estás conmigo; tu vara y tu cayado me sosiegan.
[...] Tu bondad y misericordia me acompañan
todos los días de mi vida; y habitaré
en la Casa del Señor por dilatados días».

SAL 23, 1-4.6

En el principio...

En el principio del mundo, el tercer día de la creación, *«Dijo Dios: "Que se reúnan las aguas debajo del cielo en un solo lugar, y aparezca lo seco". Y así fue. Llamo Dios a lo seco "tierra", y a la reunión de las aguas la llamó "mares". Y vio Dios que era bueno»* (Gn 1, 9-10). Así, esta tierra que se nos dio para que la llenásemos no viene sino después de la luz el primer día, y después de los cielos, morada de Dios, al segundo día. Este relato simbólico de los orígenes nos recuerda que la existencia terrestre se nos concede solo por un tiempo, pues estamos llamados a alcanzar el Corazón de Dios y a vivir en su luz. Nuestra vida aquí es un tiempo de preparación y de misión.

Una tierra santa

Dios se apareció a Abrahán y le dijo: «*Vete de tu tierra y de tu patria y de la casa de tu padre, a la tierra que yo te mostraré*» (Gn 12, 1). El Señor promete, a los que le obedecen y le siguen, un lugar santo donde podrán encontrarle. Generaciones más tarde, mientras Moisés estaba al cuidado del rebaño de su suegro, lo llevó a pastar al pie del Horeb y se fijó en una zarza que ardía sin consumirse. Se acercó para verla mejor y Dios le llamó en medio de la zarza, luego, cuando Moisés estuvo cerca, el Señor le mandó: «*Quítate las sandalias de los pies, porque el lugar que pisas es tierra sagrada [...]. He observado la opresión de mi pueblo...*» (Ex 3, 5-7). Dios se revela a su pueblo que ha perdido toda esperanza, le promete conducirlo de la esclavitud a la libertad, de una tierra extranjera hacia su herencia: «*He bajado para librarlos del poder de Egipto y para hacerlos subir de ese país a una tierra buena y espaciosa*» (Ex 6, 8). Después de muchas pruebas, el pueblo tomará por fin posesión de esa tierra prometida, lugar de delicias y descanso. Pero este país no será aún el lugar santo donde el pueblo puede encontrar a Dios, porque en Jerusalén, la ciudad santa, va a elevarse un lugar más santo aún: el Templo. Salomón hizo construir el Templo con maderas preciosas, y lo cubrió de oro y pedrerías, luego rezó así: «*Ten los ojos atentos a este Templo, día y noche, al lugar que dijiste: "Allí estará mi nombre"; y escucha la oración que tu siervo te dirige en este lugar*» (2 Cro 6, 20). Sin embargo, a pesar de la bendición que reposaba sobre él, el Templo fue destruido. En el fondo, lo que los hombres buscaban entonces no era un lugar, un «sas» [servicio de software] de comunicación con Dios, sino un verdadero encuentro, un cara a cara. De la humanidad huérfana sube el grito que oímos cada año en la liturgia a comienzos del Adviento: «¡*Ojalá rasgaras los cielos y bajases!*» (Is 63, 19). Nosotros no podemos subir hasta ti... pero tú, Señor, ven a nosotros.

Los verdaderos adoradores

En respuesta a nuestra petición, Dios desgarrará los cielos y establece su morada entre nosotros. Sin embargo, este nacimiento no tiene lugar en los fastos del palacio de Herodes: Jesús nació en una humilde gruta porque no había lugar para la Sagrada Familia en las casas de Belén. Él santificó numerosos lugares con su presencia: el Templo, la sinagoga de Cafarnaún, las orillas del lago de Tiberiades, la sala de las bodas de Caná, etc., pero no se detuvo en ninguno de esos lugares, ni siquiera en el Templo del que anunció la destrucción. Se retiraba a lugares desiertos para orar, aconsejaba incluso orar en nuestra habitación con toda discreción. La Samaritana le preguntó cuál era el lugar santo en que era bueno orar: «*Vosotros decís que el lugar donde se debe adorar está en Jerusalén*». Jesús le respondió que, en adelante, el lugar no tenía ya apenas importancia: «*Llega la hora, y es esta, en la que los verdaderos adoradores adorarán al Padre en espíritu y en verdad. Porque así son los adoradores que el Padre busca*» (Jn 4, 20-23). Jesús anuncia el Templo nuevo «*que no será hecho por mano de hombre*» (Mc 14, 58) y san Juan precisa: «*Pero él se refería al Templo de su cuerpo*» (Jn 2, 21).

El castillo interior

En el judaísmo, la regla del *minian* enuncia que cuando diez hombres adultos están reunidos, forman una asamblea y pueden recitar las plegarias de los oficios o liturgias. A nosotros, los cristianos, Jesús ha dicho: «*Donde hay dos o tres reunidos en mi nombre, allí estoy yo en medio de ellos*» (Mt 18, 20).

La oración carmelitana nos invita a encontrar este lugar santo de los verdaderos adoradores dentro de nosotros: «Las que de esta manera se pudieren encerrar en este cielo pequeño de nuestra alma —adonde está el que le hizo, y la tierra— [...] crean que llevan excelente camino»[1], escribe santa Teresa a sus monjas carmelitas. Y san Juan de la Cruz va más allá: «Es de notar que el Verbo Hijo de Dios, juntamente con el Padre y el Espíritu Santo, esencial y presencialmente está escondido en el íntimo ser del alma [...]; y ahí le ha de buscar con amor el buen contemplativo, diciendo: "*¿Adónde te escondiste?*"»[2]. Por eso podemos orar en todo lugar, en nuestra habitación como en la Plaza de san Pedro, en el silencio del desierto como en el bullicio del metro, de rodillas ante el sagrario o al volante de nuestro coche en un atasco.

Presencia real, señales

«¡Él está aquí!», decía el santo Cura de Ars al poner la hostia consagrada en el sagrario. Dios, que llena el

---

[1] Santa Teresa de Jesús, *Camino de Perfección,* Códice de Valladolid, 28, 5.

[2] San Juan de la Cruz, *Cántico Espiritual* B, 1, 6.

universo, se hace realmente presente en un pequeño trozo de pan que deviene su Cuerpo. Porque, si nos invita a vivir por la fe y en la fe, Dios sabe también que nosotros necesitamos señales para mantener nuestro fervor. Ese es el sentido de los gestos que nos ayudan a encarnar, en nuestro cuerpo y nuestro entorno, las realidades invisibles: la belleza de las iglesias, los cruceros al borde de nuestros caminos, las cruces en nuestras casas, nuestro rincón particular de oración... «Él está aquí», habita nuestras iglesias, nuestras casas y nuestros corazones hasta el fin del mundo, después de haber pisado nuestros caminos humanos. En la espera de la Jerusalén celestial, cultivamos nuestra alma de peregrinos: amamos esta tierra que recorremos, ponemos los medios para hacerla más bella y más tranquila, sabiendo que estamos aquí solo de paso.

Ejercicio espiritual

— ¿Me siento ya como «un ciudadano del Cielo» puesto que allí pasaré mi eternidad?
— ¿Me siento libre interiormente para «dejar mi país» como Abrahán por el lugar que me indique Dios?
— ¿Me dejo desinstalar de mi confort, de mis hábitos para atreverme al encuentro?
— Puedo orar con santa Teresita para hallar en mí este lugar santo donde Dios quiere encontrarme: «Tu Faz es mi única Patria. Es mi Reino de amor. Es mi riente pradera»[3].

---

[3] Santa Teresa de Lisieux, *Mon ciel ici-bas,* PN 20, 3.

10. SANTIFICAR EL TIEMPO

Odile Haumonté

> «En este racimo de amor, los granos son almas.
> No tengo para formarlo más que este día que se va.
> ¡Ah! dame, Jesús, las llamas de un Apóstol.
> Solo para hoy»[1].

SANTA TERESA DE LISIEUX

«Hubo tarde y hubo mañana: día primero» (Gn 1, 5).
Desde el principio, Dios, que está fuera del tiempo,
crea el tiempo; la Creación se construyó según un
ritmo que es el de la vida misma: los latidos de nuestro
corazón, nuestras inspiraciones y expiraciones nos
inscriben en un ritmo biológico. Plantas, animales,
humanos, cada ser vivo está creado *«según su especie»*
y, podríamos añadir, según su tiempo. Dios nos inscribe
en el tiempo: *«Los años de nuestra vida son setenta,
u ochenta para los más fuertes»* (Sal 90, 10) para que
llenemos ese tiempo de su gracia y su presencia.

Un día consagrado al Señor

Entre los diez mandamientos dados por Dios a
Moisés, los dos primeros conciernen a Dios mismo

---

[1] Santa Teresa de Lisieux, poesía *Mon chant d'aujourd'hui,* PN 5, 10,
primavera 1894.

y los siete últimos a las relaciones de los hombres entre ellos; en la bisagra se encuentra el tercer mandamiento concerniente al descanso en Dios, como un sas entre la divinidad y la humanidad: «*Guarda el día del sábado para santificarlo, como te ha mandado el Señor, tu Dios. Durante seis días trabajarás y harás todas tus labores, pero el día séptimo es de descanso, consagrado al Señor, tu Dios. No harás ninguna labor*» (Dt 5, 12-14). El *shabbat* nos invita a contemplar las obras de Dios en nuestra vida y a alegrarnos por ellas. El domingo es el día de la Resurrección, el primer día de la semana y el octavo día, simbolizando la terminación de la creación, el mundo por venir. La palabra domingo viene del latín *dies Domini* o *dies dominica,* «el día del Señor».

Los primeros cristianos, salidos del judaísmo, continuaron durante tres siglos celebrando a la vez el sábado y el domingo. Luego el domingo, día en que se celebraba la Eucaristía, adelantó al sábado: «Del "sábado" se pasa al "primer día después del sábado»; del séptimo día al primer día: el *dies Domini* se convierte en el *dies Christi!*»[2], nos dice san Juan Pablo II.

Santificar nuestros domingos

Mientras que el *shabbat* hace memoria de la creación, el domingo evoca la nueva creación obtenida por Jesús: «El domingo es pues el día en el cual, más que en ningún otro, el cristiano está llamado a recordar

---

[2] Carta apostólica *Dies Domini,* 31 de mayo 1998, 18.

la salvación que, ofrecida en el bautismo, le hace hombre nuevo en Cristo»[3].

Del mismo modo que Jesús es «*el señor del shabbat*», que sea también el huésped de nuestros domingos a fin de que los vivamos como un anticipo de la eternidad feliz donde le contemplaremos en un día sin ocaso. «Necesitamos este encuentro que nos reúne, que nos da un espacio de libertad, que nos hace mirar más allá del activismo de la vida diaria hacia el amor creador de Dios, del cual provenimos y hacia el cual vamos en camino»[4].

San Jean-Marie Vianney, cura de Ars, sabía bien que los jóvenes necesitaban fiestas y regocijos para olvidar el rudo trabajo de la semana. Organizó fiestas cristianas y procesiones el domingo por la tarde. «El domingo es el bien del Buen Dios, decía. ¿Con qué derecho tocáis a lo que no os pertenece? El domingo, el Buen Dios abre sus tesoros, es cosa nuestra sacar de allí a manos llenas»[5].

Orar sin cesar

Dios nos confía el tiempo para que lo llenemos de su presencia mediante la oración y la acción de gracias. «*Estad siempre alegres. Orad sin cesar. Dad gracias por todo*» (1 Ts 5, 16-18). Orar sin cesar es un desafío para todo cristiano. ¿Cómo encontrar el tiempo de

---

[3] *Ibid.,* 25.

[4] Papa Benedicto XVI, Homilía 7.IX.2007, Viena.

[5] Alfred Monnin, *Vie de M. Jean-Baptiste-Marie Vianney,* 1868, p. 100.

orar en nuestros días, donde cada actividad parece ser una carrera contrarreloj?

Por supuesto, puede ser complicado dedicar un tiempo para orar en una iglesia o en nuestra habitación, pero disponemos de muchos momentos «vacíos» que podemos llenar con la oración en lugar de con nuestro teléfono: en el transporte público, planchando o barriendo, en la espera de una cola, en nuestros ratos de deporte, de paseo, mientras cocinamos, al volante de nuestro coche... Sí, tenemos esos momentos en abundancia, ratos «perdidos» que podemos santificar o desperdiciar. La pequeña Teresa decía: «Creo que nunca he estado más de tres minutos sin pensar en el Buen Dios»[6].

Nuestro pan de cada día

Cuando decimos a Dios en el Padre nuestro: «Danos *hoy* nuestro pan *de cada día*», no prestamos siempre gran atención a las palabras que pronunciamos. No saboreamos el lugar ni el momento en que estamos, nos dispersamos en otra parte que no nos satisface porque nadie nos espera allí. La gracia que debe colmarnos reside en el instante presente, pero, si no estamos allí, se marchitará como una flor sin agua y quedaremos descontentos de nuestra jornada y de nosotros mismos. Borremos pues nuestras quejas del pasado y nuestras proyecciones del futuro: «Cuando mis hijos eran pequeños...», «Cuando mis hijos sean mayores...», «Cuando viva en tal lugar», «Cuando

---

[6] Consejos y recuerdos de una novicia, recogidos por Sor Geneviève de la Sainte Face.

tenga tal misión», para vivir plenamente ese día que nos es dado. Gocemos de la belleza y la bondad de este instante único que no volveremos a vivir: ahora.

Cada mañana

El cardenal Suenens profesaba una espiritualidad de la gratitud: «Estoy lleno de esperanza porque creo que el Espíritu Santo es siempre el Espíritu Creador y nos dará cada mañana una nueva libertad y una nueva reserva de esperanza, si le abrimos nuestra alma». Cada mañana, día tras día, el Señor nos da la medida que necesitamos de fuerza, de alegría, de bondad, de valor o de esperanza. Día tras día, él está con nosotros.

Podemos así comenzar nuestro día ofreciendo al Señor esta oportunidad renovada sin cesar que nos regala.

Ejercicio espiritual

— ¿Rehúyo la realidad presente mariposeando sin cesar, sin estar nunca verdaderamente presente a lo que hago?
— ¿Remuevo el pasado? ¿Vivo en los lamentos, los remordimientos?
— ¿Me inquieto por mi porvenir? Los psicólogos dicen: el 95 % de nuestros temores del porvenir no se hacen realidad.

11. ¿POR QUÉ LA *LECTIO*?

Marie Pia Zurbach

> «Si alguno me ama, guardará mi palabra,
> y mi Padre le amará, y vendremos a él
> y haremos morada en él».
>
> Jn 14, 23

Introducción

Todo creyente tiene la gracia de oír la Palabra de Dios durante la Eucaristía. ¿No es eso suficiente? ¿Por qué la *Lectio divina,* en qué consiste justamente y qué aporta de más?

Escuchemos primero una respuesta de Benedicto XVI a esas preguntas: «Quisiera recordar y recomendar sobre todo la antigua tradición de la *Lectio divina*: la lectura asidua de la sagrada Escritura acompañada por la oración realiza el coloquio íntimo en el que, leyendo, se escucha a Dios que habla y, orando, se le responde con confiada apertura del corazón. Estoy convencido de que, si esta práctica se promueve eficazmente, producirá en la Iglesia una nueva primavera espiritual»[1]. ¿Quién no desearía esa «primavera» para él mismo y para todos?

Veamos ahora los frutos de la *Lectio*.

---

[1] Papa Benedicto XVI, Discurso al Congreso internacional por el 40.º aniversario de la Constitución dogmática *Dei Verbum*.

Una luz

En la *Lectio,* estamos en contacto prolongado con aquel que se dice a sí mismo «*luz del mundo*» (Jn 8, 12). En una escucha atenta, interrogando a la Palabra recibida, orando a partir de ella, aprendemos a conocer mejor el corazón de nuestro Dios, tal como él quiere revelarse a nosotros. Accedemos también, poco a poco, a un conocimiento más profundo de nosotros mismos y del corazón humano.

La Palabra, acogida en mayor profundidad en la *Lectio*, va a iluminar nuestros pensamientos y nuestro comportamiento cotidiano. Nos va a ayudar, en las decisiones pequeñas y grandes que debemos tomar, a comportarnos como «*hijos de la luz*» (Ef 5, 8). Se convertirá, cada vez más, en «*antorcha ante mis pasos*» (Sal 119, 105).

«*Viva y eficaz, y más cortante que una espada*» (Hb 4, 12), nos ayudará a distinguir en nosotros lo que es digno de un discípulo de Jesús, y lo que no lo es.

Un alimento

Muy a menudo, la Palabra de Dios se ha comparado con un alimento vital para el hombre. Jesús, retomando una palabra dirigida a Israel en el desierto (cf. Dt 8, 3), lo dice claramente en su propio combate en el desierto: «*No solo de pan vivirá el hombre, sino de toda palabra que procede de la boca de Dios*» (Mt 4, 4). Los autores antiguos hablan de «masticar» y «rumiar» la Palabra; se utiliza también el término «manducación». Eso significa que se va a tomar el tiempo de repetir, de traer de vuelta una y otra vez tal versículo a nuestra boca, para hacerlo llegar a nuestra memoria y nuestro corazón: ahí será enriquecido y transformado.

San Bernardo subraya la «delectación» de esta operación: «Rumio estas cosas con suavidad, todo mi ser se llena de alegría, todo en mí se deleita, de mi cuerpo germina la alabanza[2]. Eso supone sentarse algún tiempo en la meditación de la Palabra: al menos el tiempo de una verdadera comida.

En la *Lectio*, este «descender» de la Palabra a nuestro corazón va a conducirnos a la oración y a un encuentro con el Señor: ella puede también alimentar nuestro tiempo de adoración, cuando no se nos da la contemplación espontáneamente.

Una renovación

La Palabra de Dios es creativa, como nos muestra toda la Biblia. «*Que te sirvan todas tus criaturas, pues hablaste y fueron hechas, enviaste tu Espíritu y existieron*» (Jdt 16, 14). Jesús, Verbo hecho carne, con una sola palabra breve, hace salir a Lázaro, muerto de cuatro días, de su tumba. Una sola de sus palabras, acogida con fe y una atención completa, bastaría ciertamente para levantarnos y recrearnos.

Pero sabemos que, en la multiplicidad de las palabras que oímos y pronunciamos, oír una sola vez: «*¡Levántate, resplandece, que llega tu luz*» (Is 60, 1) no basta generalmente para que esta palabra nos llegue

---

[2] *Super Cantica,* XVI, 2.

y pueda darnos toda la «vida» que está escondida en ella. Necesitamos disminuir nuestro ritmo de lectura habitual, para acoger una palabra en nuestro corazón como una pequeña «semilla» de vida. Tenemos que darle tiempo, meditarla, interrogarla, dejarla convertirse en oración, para que eche raíces profundas en nuestra memoria y luego en nuestro comportamiento. Y también vigilar para que «los espinos» no la ahoguen (cf. Mc 4, 7) y no impidan que llegue a madurar...

Dedicando un tiempo suficiente cada día, vemos que la Palabra —con suavidad y a veces con fuerza— nos corrige y va a darnos nuestro verdadero rostro de hijo o hija del Padre.

La meditación tiene un poder de renovación de nuestro corazón, como lo expresa bien el padre Matta El Maskîne: «Se constata que la perseverancia del corazón en la meditación de las Escrituras se traduce siempre por una infusión de vida verdadera en el corazón; porque la Palabra de Dios, como nos la ha definido el Señor, es Espíritu y Vida [...]. La meditación de la Ley de Dios mantiene el corazón vivo, calentado al fuego de la Palabra divina; porque la meditación supone ante todo que profundicemos permanentemente en el espíritu de las Escrituras, y la búsqueda de las verdades ocultas detrás del mandamiento. Eso tiene por resultado renovar siempre los pensamientos del hombre, afinar su sensibilidad, hacerla más evangélica, y conferirle un comportamiento fácil y tranquilo, abierto de manera positiva a todas las eventualidades»[3].

---

[3] *L'experience de Dieu dans la vie de prière.* Éd. Abbaye de Bellefontaine, p. 50-51.

Perseverando en la *Lectio*, recibiremos aún otros tesoros:

«En los sagrados libros el Padre que está en los cielos se dirige con amor a sus hijos y habla con ellos; y es tanta la eficacia que radica en la Palabra de Dios, que es, en verdad, apoyo y vigor de la Iglesia, y fortaleza de la fe para sus hijos, alimento del alma, fuente pura y perenne de la vida espiritual»[4].

Ejercicio espiritual

— Busco un salmo que me gusta.
— Elijo uno o dos versículos que me sé de memoria.
— Luego escucho lo que el Señor quiere decirme, a través de esas palabras.

---

[4] Concilio Vaticano II, Constitución *Dei Verbum,* n. 21.

12. ¿CÓMO HACER LA *LECTIO*?

Marie Pia Zurbach

«La meditación de las Escrituras es la primera
puerta de acceso a la sabiduría del Espíritu
y a todo conocimiento divino»[1].

SAN ISAAC EL SIRIO

Introducción

La *Lectio,* recordémoslo, es una lectura lenta,
meditativa, orante de la Palabra de Dios, para
quedar impregnado y transformado por ella. Quiere
conducirnos de un texto escrito a un encuentro con
el Dios vivo. A veces, en la primera lectura de un
texto bíblico, nos capta una palabra que nos lleva
inmediatamente a la oración, o incluso a un silencio
de adoración en presencia del Señor. Acojamos esta
gracia y agradezcámosla al Señor. Pero cuando hemos
decidido caminar, día tras día, en la fidelidad a la *Lectio,*
notamos que no siempre es así... y comprendemos
la necesidad de seguir un itinerario, ya señalado por
muchos creyentes a lo largo de los siglos.

Seguiremos, por ejemplo, el camino descrito por
Guigues el Cartujo, en un texto titulado *Carta sobre*

---

[1] San Isaac el Sirio. *Fondo árabe,* I, 5, 87.

la vida contemplativa. Aunque es muy antiguo, este texto sigue siendo la referencia más importante sobre esta cuestión. Guigues tiene la visión de una «escala» de cuatro barras que eleva a los monjes «de la tierra al cielo». Estas son: la lectura, la meditación, la oración y la contemplación.

Tomemos para hacer la *Lectio* un texto de una decena de versículos. Pongámonos en una actitud de disponibilidad y de atención, y comencemos por orar: pidamos la ayuda del Espíritu Santo que ha inspirado las Sagradas Escrituras, y la ayuda de la Virgen María, para que ella nos forme «*un corazón dócil*» (1 R 3, 9), un corazón que escucha.

La lectura

Vamos a leer el texto, lentamente, escuchándolo con toda nuestra atención, varias veces. La lectura que pronuncia el texto es una ayuda valiosa para eso: reúne a tres de nuestros sentidos en la recepción de esta Palabra. En efecto, vemos el texto, lo pronunciamos con nuestra boca y lo escuchamos con nuestro oído. Esta lectura pronunciada —eso puede ser un simple murmullo— es una ayuda para que «descienda» la Palabra a nuestro corazón: «*El mandamiento está muy cerca de ti: está en tu boca y en tu corazón*» (Dt 30, 14). Nos ayudará también a salir de los pensamientos que nos habitan, que tienen más fuerza cuando leemos simplemente «con los ojos». «Varias veces», mientras el texto nos es quizá familiar: eso nos pide un acto de fe. Creemos que la Palabra es siempre nueva, y que desde nuestra última audición, tiene algo nuevo que decirnos.

La meditación

Este término, muy rico, tiene varios sentidos. En el Salmo 1, encontramos: «*Dichoso el hombre* [...] *que se complace en la Ley del Señor, y noche y día medita su Ley*» (Sal 1, 1-2). Aquí, meditar significa murmurar, repetirse, masticar la Palabra, a fin de impregnarse de ella profundamente, para que pueda transformar nuestra memoria y nuestro corazón. Para comenzar, vamos a uno o dos versículos que nos atraen particularmente: vamos a «hacerlos descender a nuestro corazón» repitiéndolos en pequeños fragmentos que no fatiguen la memoria, aplicando toda nuestra atención, todas nuestras facultades de escucha.

Ese trabajo lo hacemos primero pronunciando la Palabra, luego interiormente. A veces, nos sentimos impulsados a permanecer largo rato y notamos que nuestro corazón «arde», por la gracia de Dios, que actúa a través de esas pocas palabras.

En la meditación, podemos también ver la relación con otros pasajes de la Biblia. Una palabra, una imagen nos remiten a otro versículo, en un libro bíblico de un estilo y una época diferentes. Vemos, poco a poco, la unidad de lo que Dios quiere decirnos a través de la Biblia, en lenguajes tan distintos. Eso enriquece nuestra lectura... y hace sabroso el ejercicio.

Vamos a preguntarnos sobre esta Palabra: ¿qué es lo que el Señor quiere decirme sobre él mismo? Toda la Escritura, en efecto, nos ha sido dada para revelarnos el rostro amable de nuestro Padre, y conviene comenzar por esta pregunta. Luego: ¿qué me quiere decir el Señor, a mí, hoy? Y creemos que el Señor quiere así conversar de una manera única con cada uno de nosotros.

Podemos también buscar los distintos sentidos del texto: el sentido literal (un texto dado en tal época de la historia de la salvación), el sentido cristológico (por el que buscamos cómo Jesús cumple la Palabra dada a Israel), el sentido moral (lo que debemos hacer), y el sentido escatológico (lo que existe ya en la gloria eterna).

La oración

Después de haber leído atentamente el texto, y de haberlo profundizado en la meditación, se nos conduce a la oración: alabanza del Señor por lo que nos ha hecho conocer de él, oración de petición por una conversión, intercesión, etc. La Palabra recibida y meditada es así el soporte de lo que vamos a formular en la oración. Al paso de los días, nuestra oración se enriquece con lo que hemos meditado. El Señor mismo nos da las palabras para hablarle: en el Padre Nuestro y los Salmos, por supuesto, pero también a través de otras escenas bíblicas.

La contemplación

A veces nos captará la presencia de Dios en la oración —o en una de las etapas anteriores—. Acojamos eso como una gracia y dejemos el resto... «Entonces la oración puede hundirse en el silencio, no el silencio de la ausencia del otro o de mí mismo, que sobreviene también en su momento, sino ese silencio que viene de más allá de la Palabra cuando esta nos ha alcanzado»[2]. Luego, podemos descender otro «peldaño» y así, ir y venir en esta «escalera». Por cierto, los escalones no siempre seguirán sistemáticamente en el orden expresado aquí; hemos de estar atentos de lo que el Espíritu Santo quiera decirnos, y saber detenernos allí donde él nos incline a hacerlo.

¿Sobre qué textos hacer la *Lectio* diaria?

Los textos de la misa, que nos hacen pasar por los lugares-fuente de las Escrituras, son una prioridad. Mediante ellos, profundizamos en el sentido del año litúrgico y estamos al unísono con los creyentes del mundo entero. Se pueden leer atentamente los tres textos, y elegir uno para detenernos ahí más tiempo.

Por otra parte, también se puede hacer la *Lectio* en un libro de la Biblia, leído en su continuidad, con una decena de versículos cada día.

Si se tiene un poco más de tiempo, se pueden, al comenzar la *Lectio,* memorizar poco a poco textos particularmente ricos, tales como el sermón de la montaña por ejemplo, avanzando en dos o tres versículos diarios: no «para saberlos de memoria», sino para «guardar en el corazón», profundamente, palabras esenciales.

---

[2] Cardenal Robert Sarah, *La fuerza del silencio.*

Conclusión

Para terminar, agradezcamos al Señor por la gracia de este tiempo pasado a su escucha: la Palabra nos ha trabajado, aunque no lo veamos de inmediato. Podemos escribir una palabra que nos haya impactado, y al salir de la *Lectio,* guardar en nuestro corazón una frase breve que hemos memorizado, a la que podremos volver, y que estará presente en nuestro día.

Ejercicio espiritual

— Por la tarde, vuelvo a la Palabra recibida en la *Lectio* de la mañana.
— ¿Cómo me ha acompañado y guiado hoy?

13. LA LECTURA ESPIRITUAL

Anne de Jésus Idiartegaray

«La lectura espiritual es uno de los pilares
de la vida contemplativa»[1].

WILFRID STINISSEN

Introducción

En los capítulos anteriores hemos mencionado la
importancia vital de la *Lectio divina*. Abordamos aquí
otro asunto, el de la lectura espiritual. Otro por doble
título: este no se reduce a la Sagrada Escritura y no
concluye necesariamente con un tiempo de oración.

Tal vez no consideremos siempre la importancia
de esta práctica para nuestra vida espiritual. Las
dificultades de la vida diaria hacen también que corra
el riesgo de pasar de largo, ahogada en medio de
tantos elementos que nos parece oportuno mantener
en el frágil y delicado equilibrio de nuestros ritmos de
vida.

Sin embargo, este aspecto de nuestra vida merece
atención y tiene un impacto considerable en nuestro
itinerario espiritual. Para convencerse, basta ver
cuánto han marcado algunas lecturas el recorrido

---

[1] Wilfrid Stinissen, *Cachés dans l'amour,* Éd. du Carmel 2011, p. 89.

espiritual de muchos santos. Citemos, entre otros ejemplos, el impacto de las *Confesiones* de san Agustín y del *Tercer abecedario* de Francisco de Osuna sobre la conversión de santa Teresa de Jesús, el lugar de la *Imitación de Cristo* en el corazón y la vida de santa Teresa de Lisieux, o incluso la revelación interior que fue para Edith Stein la lectura del *Libro de la Vida* de Teresa de Jesús.

Nos atrevemos a afirmar: difícilmente nos podemos contentar con la sola lectura y meditación de la Sagrada Escritura, por central que sea, aunque toda lectura espiritual digna de ese nombre no dejará nunca de referirse a ella, de una manera u otra. La lectura espiritual tiene varias razones de ser. Vamos a mencionarlas brevemente y luego abordaremos este tema desde un punto de vista práctico.

Indispensable conocimiento

Cada cual sabe, por experiencia, que es difícil amar lo que no conocemos, o que conocemos mal. Eso vale en las relaciones humanas, pero quizá más aún en nuestra relación con Dios. El conocimiento se ordena al amor. La lectura espiritual juega así un rol importante en nuestro crecimiento espiritual, que no es otra cosa que un crecimiento en la fe, la esperanza y la caridad. Dios es a la vez el Todo-cercano y el Todo-otro. Si no alimentamos lo suficiente nuestro conocimiento de él, nuestro amor languidecerá y no podrá crecer ni fortificarse. No se trata por supuesto de acumular un saber, sino de poner los medios para progresar en nuestra manera de ser y de vivir: «Lee con un corazón abierto y humilde, con pureza de intención, a fin de aprender a conocer mejor y cumplir su voluntad. No leas por curiosidad ni para acumular conocimientos e impresionar así a los demás»[2].

Notemos también que los caminos de Dios nos parecen a menudo extraños (cf. Ez 18, 25), al menos difíciles de comprender (cf. Is 55, 8-11). Aunque no se trata de dominar nuestra vida espiritual, ni de pretender comprender a Dios y su Sabiduría (que nos supera infinitamente), un mínimo de comprensión de los caminos del espíritu es muy útil para nuestra vida interior. Nuestra fe no puede crecer sin la contribución de una inteligencia alimentada y alumbrada. No cometamos el error de privarnos de la sabiduría que nuestra Madre Iglesia nos dispensa a través de su Magisterio, a través de la ciencia de los santos o incluso del carisma que Dios da a tal o cual persona, para explicitar los caminos de Dios. Es muy beneficioso aprovechar con humildad y agradecimiento estos tesoros que Dios nos ofrece mediante su Iglesia.

El combate de los pensamientos

Veamos otra evidencia. Nuestra inteligencia está hecha de tal modo que está en actividad permanente, o casi. No sabríamos suspender esta actividad, pero tenemos una responsabilidad en cuanto a cómo la alimentamos. Si la proveemos de calidad, y en torno a lo que concierne a nuestro deseo más profundo, Dios... se perderá menos alrededor de pensamientos inútiles, secundarios, nocivos. Esto tendrá un efecto

---

[2] Wilfrid Stinissen, *op. cit.,* p. 91.

beneficioso en nuestra vida diaria, en particular, pero no exclusivamente, sobre nuestros ratos de oración. Nuestro deseo de Dios, de crecer en la santidad, de perseverar en la fe, de dar a conocer y amar a Jesús, será así alimentado y reforzado. Obtendremos más fuerza para el buen combate, el de la fe, más que andar dando vueltas alrededor de cuestiones secundarias. Como podemos leer en *Cachés dans l'amour*: «Sin lectura espiritual regular, difícilmente avanzarás en el camino que lleva a Dios. Toda negligencia en este campo se venga inmediatamente. Deviene más difícil vivir en presencia de Dios y la oración se llena de distracciones»[3]. Recordemos también que, en el tiempo de oración, en caso de gran dificultad en recogerse, de vacío o de distracción, puede ser bueno hacer un poco de lectura espiritual para volver a centrar nuestro pensamiento en Dios.

Consejos prácticos

Las cuestiones que se plantean en la práctica son sobre todo de dos tipos: el tiempo y la elección de lecturas.

La cuestión del tiempo es evidentemente compleja. Depende de las circunstancias de nuestra vida, pero también de nuestro temperamento y de la etapa que vivimos. Con todo, nos arriesgamos a algunas sugerencias.

No se trata necesariamente de leer mucho y largo tiempo: «No te contentes con una lectura rápida y

---

[3] Wilfrid Stinissen, *Cachés dans l'amour,* Éd. du Carmel, 2011, p. 89.

superficial, sino lee con calma, deja al texto el tiempo necesario para iluminar tu inteligencia. Detente un instante cuando encuentras algo que te impacta particularmente. Haz pausas cortas para interiorizar lo que acabas de leer»[4]. Un rato breve puede ser fecundo: si está bien orientado en una lectura que nos conviene para ahora, cuyo tema motiva nuestra alma y se dirige a mantener su crecimiento; y bien orientado, porque el objetivo de estas lecturas no será nunca acumular un saber. El conocimiento puede llenarnos de orgullo. La lectura espiritual apunta al progreso espiritual. A veces el obstáculo reside en la dificultad para limitarse. No se trata de saberlo todo, ni de leer toda obra buena existente, sino de centrarnos sobre lo que es bueno para nuestra alma. Más valen cinco minutos de lectura atenta y nutriente que una gran cantidad de libros tragados deprisa. Además, si tenemos a mano un libro que llega de verdad a nuestro corazón, llegaremos más fácilmente a encontrar un ratito de lectura en medio de nuestras muchas ocupaciones. Por supuesto, si podemos leer con frecuencia, un poco cada día, será algo excelente para nuestra vida interior... Si no, puede ser útil ver en nuestros ritmos de vida semanales o mensuales espacios reservados a esta práctica.

En cuanto a la elección de lo que leemos, salvo el hecho de orientarnos sobre lo que nos conviene en la etapa en que estamos (eso podremos también hablarlo en el acompañamiento espiritual), es fecundo discernir la inclinación presente de nuestra alma, y a veces volver sobre una obra, o un autor, ya

_____

[4] *Ibid.*, p. 91.

leídos. En resumen, apuntar más bien a la calidad que a la cantidad...

Que el Espíritu Santo conduzca a cada uno en esta práctica tan bienhechora, y podamos animarnos a ella, hablando por ejemplo con otros de este asunto...

Ejercicio espiritual

— Durante este mes, elijo una lectura que me acompañará y me alimentará.
— ¿Cuáles son las lecturas que me han impactado particularmente en mi camino espiritual y por qué?

14. LOS CINCO SENTIDOS ESPIRITUALES

Joumana Khalil

> «Pues, para los corazones que suspiran tras la luz divina, para los hijos de la luz que penan aún en las tinieblas de esta vida, ¿puede haber visita más dulce y consuelo mayor, que ver a veces, por poco que sea, los ojos del corazón iluminados, al menos a través del relámpago fugitivo de la gracia iluminante, al que se descubre; sentir al autor de las promesas y comprender la riqueza de misericordia [...] que se encuentra al estar cerca de Dios?»[1].
>
> GUILLAUME DE SAINT-THIERRY

¡Quiero ver a Dios!

Es el deseo de ver a Dios, o más exactamente de gozar de Dios, lo que impulsa a santa Teresa de Jesús, niña aún, a escapar a tierra de moros para morir allí mártir (cf. *Libro de la Vida* 1, 4). Mucho tiempo antes que ella, la esposa del Cantar, que simboliza al alma creyente, comienza su poema con un grito que no puede ser más «sensual»: «*¡Que me bese con los besos de su boca! Más deliciosos que el vino son tus amores; de aroma exquisito, tus perfumes*» (Ct 1, 2-3).

---

[1] Guillaume de Saint-Thierry, *Miroir de la foi,* 103.

¿No está este deseo inscrito en las profundidades del corazón de todo hombre? Verle, oírle con nuestros propios oídos, tocarle con nuestras manos, abrazarle, besarle, y dejarnos impregnar de su perfume divino como lo hicieron María Magdalena y los discípulos: «*Lo que existía desde el principio, lo que hemos oído, lo que hemos visto con nuestros ojos, lo que hemos contemplado y han palpado nuestras manos a propósito del Verbo de la vida [...] lo que hemos visto y oído, os lo anunciamos para que también vosotros estéis en comunión con nosotros*» (1 Jn 1, 1-3).

¿Pero cómo sería eso posible? Es verdad que en Jesús, Dios se ha dejado ver. El Verbo hecho carne habitó entre los hombres. Muchos han tenido la gracia de contemplarlo, de oírlo, de dejarse curar por su tacto y convertir por su mirada. Pero eso no fue más que por un tiempo. ¿Así, todos los que no han sido sus contemporáneos, se verían abocados a la fe desnuda como parece decir Jesús a Tomás: «*Bienaventurados los que sin haber visto hayan creído*» (Jn 20, 29)?

Los sentidos espirituales

Las Escrituras, sin embargo, invitan a gozar del gusto de Dios a través de un vocabulario relativo a los sentidos: «*Gustad y ved qué bueno es el Señor*» (Sal 34, 9), o incluso: «*Bienaventurados los limpios de corazón, porque ellos verán a Dios*» (Mt 5, 8). En el Apocalipsis, Jesús mismo nos invita a oír: «*Si alguno escucha mi voz y abre la puerta, entraré en su casa y cenaré con él, y él conmigo*» (Ap 3, 20).

Uno de los primeros Padres de la Iglesia, Orígenes, entenderá que, al lado de los sentidos corporales, el hombre posee sentidos llamados espirituales, ordenados a la comprensión del mundo divino, inmaterial: es el ojo del espíritu el que va a percibir a Dios, que va a gozar de su vista en la contemplación y ser atraído por él sin cesar. Esta percepción será inmediata, de un orden distinto que el razonamiento, una forma de *experiencia* de Dios que *ilumina* la mirada interior, que da a *gustar* su dulzura, a *sentir* su presencia, a *reconocer el sonido* de su voz que es único.

Desarrollar nuestros sentidos espirituales

Tal como es con nuestros sentidos corporales, también se nos invita, para crecer en el conocimiento y el amor de Dios, a desarrollar nuestros sentidos interiores. El oído de un niño que se ejercita en la música será «musical». De modo semejante, el ojo de un pintor crecerá en sensibilidad en la medida en que se eduque en su cultura artística y la contemplación de la creación.

Así también, cuanto más practique nuestro corazón la lectura y la meditación de la Palabra de Dios, más aprenderá nuestro «oído espiritual» a reconocer la voz del Buen Pastor. Cuanto más se aplique nuestra alma de modo regular al silencio interior en la oración, más discernirá «los pasos de Dios» cuando venga a pasearse en nuestro jardín, y más se dejará ella tocar por su presencia e impresionarse por su perfume. Cuando la oración sea una cita regular y fiel, nuestra vida interior se alimentará con una comida espiritual y nuestro gusto se afinará y se deleitará con las «cosas divinas». Eso es lo que san Agustín llama la «fruición»: se trata del «gozo espiritual» que dan los sentidos interiores, la experiencia de Dios es «deleitable». Diadoco de Foticé habla de una alegría desbordante y plena, «el Espíritu Santo hace gustar al alma, en un sentimiento total de la plenitud, la dulzura de Dios»[2].

La experiencia espiritual de san Ignacio de Loyola le llevará a proponer en sus *Ejercicios espirituales* lo que llama «la aplicación de los sentidos» a la meditación de los misterios de la vida de Jesús. Se trata de vivir la escena evangélica como si estuviéramos presentes en ella, para que se haga viva y, a través de ella, Dios nos habla. Para eso, invita a quien hace el retiro a imaginar a las personas, los lugares, a «verlos», a «oír» lo que dicen, a «sentir» el viento, el calor, la tensión, el perfume, a «tocar» a Jesús o dejarse tocar por él, por su dulzura, su manera de hablar, de comer, de caminar, etc., para «sentir y gustar las cosas interiormente».

Cuanto más persevere la persona en la atención interior a Dios, más se afinan sus sentidos interiores. Eso hace madurar su capacidad de discernimiento espiritual de las «voces» que le hablan. Entre mil sonidos, un niño reconoce de lejos el sonido de las pulseras de su mamá que se acerca. ¿No le recuerda, conscientemente o no, todas las veces que ella lo levantaba, apretándolo contra su corazón en un gesto de amor?

---

[2] Citado en Orígenes, *Contra Celso* VII, 33.

Purificación o noche

Sucede, sin embargo, que perdemos el gusto de Dios, que su rostro se oculta, y que ni oído, ni olfato ni tacto perciben al Amado (cf. Ct 3, 1). Esta prueba se parece a lo que san Juan de la Cruz llama «la noche de los sentidos». Es necesaria para el avance del alma, pues el peligro mayor sería apegarse al gusto de Dios más que a Dios mismo, lo que detendría el avance hacia la unión divina. En la «noche pasiva de los sentidos», Dios se encarga de la purificación para llevar al alma a un amor mayor, comunicándose a ella no ya por la razón o los sentidos sino por el acto de simple contemplación. Al salir de la noche, el alma es más humilde, más apta para recibir luces elevadas, una suavidad espiritual y un amor puro.

La luz del corazón

«*Iluminando* [el Señor] *los ojos de vuestro corazón, para que sepáis cuál es la esperanza a la que os llama*» (Ef 1, 18). Su llamada es que lleguemos a ser «el templo del Espíritu Santo», que sepamos reconocer su voz, reaccionar a sus toques divinos, deleitarnos en su presencia cuando nos es dado sentirla, y que nos convirtamos en su buen olor en el mundo. Nuestra esperanza es perseverar en el amor cuando el gusto de Dios se pierde, creer que la luz se alzará un día y que muy pronto, en el Reino, «*seremos semejantes a él, porque le veremos tal como es*» (1 Jn 3, 2).

Ejercicio espiritual

Durante mis ratos de oración, puedo pedir la gracia de que se desarrollen en mí los sentidos espirituales. Por mi parte, trato de estar atento a lo que pasa en mí cuando estoy en presencia de Dios. ¿Cómo resuena en mí la palabra del Evangelio? ¿Los ojos de mi corazón llegan a «ver» lo invisible, es decir, a Dios presente en la hostia o a mi lado?

Puedo hacer el ejercicio de un silencio más profundo para discernir su tacto divino durante la oración, y pedirle gustar su dulzura.

15. LA GUARDA DEL CORAZÓN

Joumana Khalil

«Guárdate de estar sentado en tu rincón juzgando a tu hermano; aunque estés instalado en la cima de la perfección, eso destruiría todo el edificio de tus virtudes»[1].

San Isaac el Sirio

El corazón es, para los Padres del desierto, ese centro espiritual de la persona donde residen los pensamientos, la inteligencia, el discernimiento, la voluntad, la sabiduría y el juicio. Es también el lugar de la inhabitación del Espíritu, donde se construye el fundamento de la vida espiritual. De hecho, la atención al corazón se considera como la obra más importante de la vida espiritual: «*Con todo cuidado guarda tu corazón, porque de él brota la vida*» (Pr 4, 23).

¿Qué es la guarda del corazón?

La *nepsis* en griego (vigilancia) es un método espiritual que consiste en una atención centrada en todo lo que sucede interiormente. «Sé el portero de

---

[1] San Isaac el Sirio, citado por Matta el Mâskin, *L'experience de Dieu dans la prière. Op.cit.*

tu corazón y no dejes a ningún pensamiento entrar en él sin preguntarle»[2]. Poner un guardián en el propio corazón es observar lo que pasa allí y dar o no la autorización para que un pensamiento, sea bueno o malo, entré en él. La paz o el desasosiego dependen de eso. Es el principio del discernimiento de espíritus predicado más tarde por san Ignacio de Loyola. El asunto no es otro que el de la libertad interior, que permite liberarse de las pasiones y del dominio de los pensamientos que alejan de Dios, para alcanzar la pureza de corazón.

Lo que habita el corazón

El salmista sabía que hay pensamientos que, a menudo influidos por el enemigo, pueden atraernos hacia la muerte y la nada; mientras que otros, bajo la guía del Espíritu Santo, nos conducen hacia la vida en plenitud (cf. Sal 30, 3-4). También es importante examinar nuestro jardín interior: ¿cuáles son los apegamientos, los ídolos, las adicciones que brotan ahí, y qué pensamientos introducen, trayendo tensiones y contradicciones, o aportando paz, alegría y serenidad?

Cuando los pensamientos que inquietan se instalan y crecen[3], suscitan las emociones, y estas últimas,

---

[2] Evagrio Póntico, citado por Antoine Guillaumont, *Un philosophe au désert*, p.243.

[3] Estos pensamientos pueden ser negativos (juicios, comparaciones, pensamientos de celos, de envidia, de odio, críticas, burlas, murmuraciones, etc.) procedentes de lo que será conocido en los padres del desierto como los ocho pensamientos apasionados. El *Catecismo de la Iglesia católica*, n. 1866, se refiere a ellos como «*pecados capitales*, porque generan

no siendo controlables, pueden sumergirnos en la ansiedad y la agitación y a veces empujarnos a una acción no deseada.

«Que [los pensamientos] nos perturben o no forma parte de las cosas que no dependen de nosotros. Pero que persistan o no en nosotros, que susciten pasiones o no, forma parte de lo que está en nuestro poder»[4]. Guardar el corazón no es escandalizarse de lo que lo habita, sino observar lo que sucede en nuestros pensamientos y deseos para decidir consentirlos o resistirlos.

Lo que viene del exterior y lo que sale del corazón

A fin de proteger el corazón y guardarlo en Dios, es necesario tomar conciencia de todo lo que viene del exterior y puede ejercer una influencia sutil sobre nuestros pensamientos y nuestra imaginación. En nuestro siglo XXI, se puede pensar en esas «fieras» que acechan en el umbral de nuestra puerta: «El consumismo, el materialismo y la secularización propios de nuestra cultura, los ídolos del mundo de las diversiones y de los deportes, y la información excesiva»[5]. De hecho, ¿estamos atentos a lo que entra por nuestros ojos, nuestros oídos, nuestra inteligencia y nuestra afectividad? Muchas cosas son buenas. Lo importante es poder

---

otros pecados, otros vicios. Son la soberbia, la avaricia, la envidia, la ira, la lujuria, la gula, la pereza».

[4] San Juan Damasceno, citado en la *Filocalia*.

[5] Madre Gail Fitzpatrick, Abril 26, 2002 en cistercianfamily.org.

discernir entre lo que ayuda a proteger nuestro lugar interior y lo que es superficial, que invade o inquieta, nos distrae del amor de Dios y del prójimo y de la oración continua.

Guardar el corazón es también poner atención en lo que sale de él, porque Jesús dice: «*Lo que entra por la boca no hace impuro al hombre, sino lo que sale de la boca: eso sí hace impuro al hombre*» (Mt 15, 11). Él explica un poco más adelante que lo que sale de la boca proviene del corazón, y que es del corazón de donde proceden los malos pensamientos que hacen impuro al hombre (cf. Mt 18, 20).

Para quienes hemos entregado toda nuestra vida a Dios, qué saludable sería esta atención a lo que sale de nuestro corazón y se traduce en nuestro lenguaje y nuestros comportamientos. ¿Qué sale de mi boca, qué es lo que comunico en mi mirada a los que me rodean y a veces me molestan? ¿Qué dice mi cara? ¿Qué transmite mi persona?

Cómo progresar

En primer lugar es necesario no olvidar que «*no con poderío ni con fuerza, sino con mi Espíritu, dice el Señor*» (Za 4, 6) tal obra es posible. Nuestra contribución es importante, pero sin Jesús no podemos hacer nada (cf. Jn 15, 5). «El hombre debe entrar en combate y hacer la guerra en sus pensamientos. Pues el Señor te pide que te irrites contra ti mismo y luches contra tu entendimiento, que no consientas los malos pensamientos y no te complazcas en ellos. En todo caso, para desenraizar el pecado y el mal que lo acompaña, solo el poder divino puede lograrlo», dice san Macario[6].

Dicho esto, tenemos nuestra parte en el combate. ¿Cómo llevarlo a cabo prácticamente, visto que, según Aristóteles «la naturaleza aborrece el vacío»? Veamos algunas pistas:

— En el caso de los pensamientos de juicio o de crítica, cambiarlos por pensamientos positivos sobre la persona (ej.: «Sí, llega tarde, pero no olvides que hace muchos pequeños servicios sin que se sepa») o intentar encontrar una justificación (ej.: «Está enfermo, seguramente ha dormido mal»).

— Cambiar los juicios por una broma sobre uno mismo (ej.: «¡En verdad, es una suerte que yo exista, porque yo no me equivoco nunca!»).

— En lugar de la burla, del insulto o de la maldición que he pronunciado en mi corazón, puedo decir una bendición (ej.: «Bendícele, Señor, cúbrele con tu amor»).

— Pedir sencillamente perdón a Dios repitiendo este versículo del publicano y practicando la *oración de Jesús*: «Señor Jesús, Hijo de Dios, ten misericordia de mí, pecador».

Conclusión

No olvidemos que los *guardianes* de la guarda del corazón son los hábitos de una vida centrada en

---

[6] Citado por Matta el Mâskin, *op. cit.*, p. 237.

Dios: la oración fiel, la meditación amorosa de la Palabra, la relectura cotidiana de nuestro día que agudiza la vigilancia interior, la apertura sincera en el acompañamiento espiritual, la compasión y sobre todo la humildad. Es esta última la que impide desesperarnos al ver nuestras caídas diarias y que nos impulsa a volver siempre a la misericordia de Dios, que viene en ayuda de nuestra debilidad. Una humildad que es preciso pedir a Dios y mantenerla cada día en nuestro corazón. El desafío es grande... se trata de dejar que broten de nuestro corazón «fuentes de vida».

Ejercicio espiritual

Vuelvo a leer mi día en presencia de Dios:

— Me fijo en lo que me ha hecho crecer en el amor y la vida, y lo agradezco.
— Miro lo que ha podido ser difícil, decepcionante, lo que es un obstáculo en mi camino con él. ¿A qué cambios me invita eso? ¿Qué pensamientos me han llevado ahí? ¿Cómo podría reconocerlos más pronto para no dejarlos permanecer en mí y hacerme caer?
— Me confío a Dios, sin desánimo, y le pido la gracia de la conversión continua y la de la guarda del corazón.
— Me dirijo a mañana confiando al Señor las personas, las situaciones y los pensamientos que encontraré.

16. ORACIÓN Y ASCESIS

Joël Maissonni

> «El amar es obrar en despojarse y desnudarse
> por Dios de todo lo que no es Dios»[1].

> SAN JUAN DE LA CRUZ

En la escuela de los santos del Carmelo, la Comunidad de las Bienaventuranzas mira la oración como un «puro diálogo de amor» con Dios (cf. *Libro de la Vida*, cap. 8, 5). ¿Pero se puede concebir un trato así de amor sin ascesis, sin sacrificio? El amor implica dejar lugar en nosotros para el otro, en nuestro tiempo, nuestros pensamientos, nuestra afectividad...

El deseo abre en nosotros un espacio donde acoger al otro. La ascesis nos ayuda a abrir y guardar vacío este espacio, a tomar claramente conciencia de que solo Dios puede colmar nuestras carencias, nuestra espera, nuestro deseo. ¿Pero de qué forma de ascesis hablamos?

No toda ascesis es cristiana

Desconfiemos de una ascesis de tipo maniqueo. Para ella, el espíritu —bueno— estará preso de la carne

---

[1] *Subida del Monte Carmelo*, Libro II, cap. V, 7.

—mala—, y la ascesis debería liberarnos de la carne para abrirnos al espíritu.

Esta visión es contraria al misterio de la Encarnación. El Verbo se hizo carne en el seno de María por la acción del Espíritu Santo. Tenemos que amar la carne *«templo del Espíritu Santo»* (1 Co 6, 19), de este amor salvador con el que *«Dios tanto ha amado al mundo»* (Jn 3, 16).

Desconfiemos también de una ascesis de tipo pelagiano. Para esta, es nuestro esfuerzo lo que debería salvarnos y permitirnos llegar a Dios. Se opone a la teología de la gracia, la que ha llenado a María en la visita del ángel y desde su Inmaculada Concepción.

La ascesis cristiana, por el contrario, nos ayuda a tomar conciencia de nuestra carne (nuestra realidad humana concreta), buena y amada por Dios pero herida por el pecado, es esta tierra árida, alterada y sin agua que tiene sed de Dios (cf. Sal 63, 2).

Una ascesis por amor que se dirige a la oración

Es pues el amor lo que debe orientar nuestra ascesis dirigida a la oración, el amor a Dios y a nosotros mismos, que busca nuestra salvación. ¿Qué tengo para darte, Señor, para decirte que te amo, que solo tú puedes llenar mi vida y mi ser? ¿De qué tengo que desprenderme para dejar paso a tu gracia? ¿Mi tiempo? ¿Mi actuar? ¿Mis pensamientos? ¿Mi afición a internet? ¿Mi afectividad? ¿Mi cuerpo? ¿Mi confort? ¿Mis bienes? ¿Mi voluntad propia? ¿Mis proyectos?

Toca a cada uno encontrar la respuesta oportuna con la ayuda del acompañamiento, según su estado de vida, sus deberes de estado, sus responsabilidades, la llamada de la gracia para él y la etapa de la vida espiritual que atraviesa. Pero cuánto debo valorar esta libertad interior, este desprendimiento para entregarme al encuentro; perderlo todo —darlo todo— para adquirir la perla preciosa (cf. Mt 13, 43-46). Es la *nada* para conseguir el «todo» de san Juan de la Cruz.

Continuamente, debería reajustar este esfuerzo de ascesis. Es un tiempo para levantarse muy contento en medio de la noche para adorar, un tiempo para hacer el esfuerzo de voluntad de levantarse, pero también un tiempo para renunciar a eso por misericordia con mi cuerpo fatigado. Es entonces la hora de acordarse de que Dios «*les da el pan a sus amigos mientras duermen*» (Sal 127, 2) y que el Señor prefiere «*misericordia [...] y no sacrificio*» (Mt 9, 13). No tomemos, sin embargo, nunca la misericordia como coartada para nuestra pereza o nuestra tibieza, y no olvidemos que quien nos ha dicho eso es el que, por amor, se ofreció en sacrificio por nosotros.

Una ascesis que procede de la oración

Hay otra vertiente en la relación entre ascesis y oración. Si ese a quien yo adoro es el Cordero de Dios, el Cordero inmolado por la *salvación* del mundo, y si la oración no es solamente estar delante de él sino estar plenamente unido a él, entonces la oración me impulsa a permanecer ofrecido con él para la salvación del mundo. Entro entonces en otro camino de ascesis, a menudo más pasiva que activa, en que estoy descentrado de mí mismo para dejar a Cristo continuar ofreciéndose a través de mí. «*Ya no vivo yo, sino que Cristo vive en mí*» (Ga 2, 20), y «*completo en mi carne lo que falta a los sufrimientos de Cristo en beneficio de su cuerpo, que es la Iglesia*» (Col 1, 24). Es la ascesis de santa Teresa del Niño Jesús, «sentada a la mesa de los pecadores», en la noche de la fe, después de haberse ofrecido como víctima al amor misericordioso. Es la herida de amor del Corazón de Cristo que viene a herir de amor mi propio corazón cuando me dejo unir a él. La ascesis consiste entonces en no huir de esta herida de amor, en no buscar para ella otros remedios que refugiarnos más profundamente aún en la herida del Corazón divino y dejarla sangrar sobre este mundo por nuestras propias heridas. Es lo que expresa santa Teresa de Lisieux: «Vivir de amor es limpiar tu faz, es obtener el perdón de los pecadores. Oh, Dios de amor, que vuelvan en tu gracia y que para siempre bendigan tu Nombre. [...] Hasta mi corazón resuena la blasfemia, para borrarla quiero cantar siempre tu Nombre sagrado, lo adoro y lo amo, yo vivo de amor»[2].

Ascesis y escatología

Pero este Cordero Inmolado, esta hostia, este Corazón divino herido de amor es en la gloria del Cielo donde lo contemplo, en la victoria sobre el sepulcro. También la oración me unió inseparablemente a la Cruz y a la gloria del Cielo. Me estableció en esta

---

[2] Santa Teresa de Lisieux, PN 17, estrofa 11.

«dolorosa alegría» tan querida por nuestros hermanos de Oriente, en esta paz paradójica que expresa el testimonio de san Silvano: «Ten tu espíritu en el infierno y no desesperes», en esta luz que irradia del rostro y del cuerpo de san Serafín de Sarov, sin embargo, tan marcado por la prueba y por la cruz. La ascesis aquí consiste en no huir de esta tensión entre el «ya» y el «todavía no» del Reino, en permanecer investido por la caridad en este mundo, dejando crecer en nosotros el deseo de ese día en que «*Dios será todo en todos*» (1 Co 15, 28). Tal es el testimonio de san Juan Bautista cuando él se anula ante Cristo al que ahora bautiza también (cf. Jn 3, 29-30).

Es esta caridad, animada por la bendita esperanza del advenimiento de nuestro Señor, que nos empuja a abrazar con su amor a nuestros hermanos y hermanas, y a toda la creación en un deseo del Cielo que nos libera poco a poco de las concupiscencias de este mundo.

Ejercicio espiritual

Durante un rato de oración, pregunto al Señor: «¿De qué tengo que desprenderme por amor, para dejar libre paso a tu gracia?».

17. LA DOCILIDAD AL ESPÍRITU SANTO

Marie-Elisabeth Folliot

> «¡Que importen las cualidades naturales!
> La gran cualidad, la gran riqueza, es estar
> poseído por el Espíritu»[1].
>
> MARIE-EUGÈNE DE L'ENFANT JÉSUS

El don de Dios

«El verdadero objetivo de la vida cristiana consiste en la adquisición del Espíritu Santo de Dios»[2]: atajo sublime y asombroso. ¿Adquirir? Sí, pero al que nos hace «pobres en el Espíritu» y nos conduce a la bienaventuranza. Lo hemos recibido en nuestro bautismo, sin embargo, nos falta comprar el campo donde se encuentra este tesoro.

El Espíritu Santo nos lo da todo: él es «Señor» y «dador de vida» (Credo de Nicea), da a conocer al Padre, desvela a Cristo y une a él y en él a los hijos del Padre. Hace de cada uno de ellos su templo,

---

[1] AA.VV., *En marche vers Dieu avec le père Marie-Eugène de l'Enfant Jésus*. Ed. Salvator 2008, p. 42.

[2] San Serafín de Sarov, citado en Irina Goraïnoff, *Séraphim de Sarov*. Bellefontaine 1975.

inspira su oración y su alabanza. Se da a través de las Escrituras que él ha inspirado, la Tradición y la vida de la Iglesia, muy especialmente en los sacramentos. Es Defensor y Consolador, sobre todo en el testimonio. Don del Resucitado, conduce a la reconciliación con Dios, en el perdón de los pecados. Alma de la Iglesia, no cesa de renovarla, de adornarla de carismas para la edificación mutua de los creyentes y para la evangelización de la que él es el protagonista. Colma de sus dones y virtudes a sus miembros. Los transforma a fin de que crezca su santidad, esplendor de sus frutos.

La ley del Espíritu

Llegado en el día de *Shavuot,* fiesta del don de la Torá, él es la ley nueva profetizada por Jeremías (cf. Jr 31, 33), escrita en los corazones, que libera de la ley de la muerte y del pecado (cf. Rm 8, 2). Infunde en el hombre el amor de Dios, le hace capaz de vivir la exigencia del sermón de la montaña. Su amor, sin obligar, atrae al hombre y lo transforma. Él es este dinamismo nuevo, interior, del que habla santo Tomás de Aquino.

Las obras de la carne

Raniero Cantalamessa se pregunta: este don gratuito que da el deseo de obedecer al mandamiento del amor, en respuesta al Amado, ¿cómo es que tan a menudo el hombre no lo obedece? La respuesta se nos da en la Epístola a los Romanos: «*Si con el*

Espíritu hacéis morir las obras del cuerpo, viviréis» (Rm 8, 13).

La docilidad al Espíritu Santo pide vivir humildemente la mortificación —ella misma fruto del Espíritu— que Kierkegaard compara pertinentemente con el aprendizaje de la lengua del amado. El Espíritu viene a liberarnos de nuestro «yo», nos pide colaborar, en algo pequeño frecuentemente (evitar un movimiento de impaciencia o una mirada, una palabra; evitar el *zapping*; vivir la fidelidad en lo pequeño a nuestro deber de estado, etc.) y ante todo mediante una vida humilde, obediente a los demás y a la Iglesia. Así podemos vivir de esta luz del Espíritu de la que dice Yves Congar que es muy fuerte y terriblemente frágil.

En la escuela del Espíritu Santo

La Comunidad de las Bienaventuranzas invita en sus *Estatutos*[3] a vivir en el Espíritu, entre otras cosas orando con el pueblo de la primera alianza. Descubrimos ahí bellos iconos de esta obediencia a Dios, como Simeón: impulsado por el Espíritu al Templo, vela en la oración, reconoce y acoge en sus brazos al Salvador. Eso subraya la fuerte llamada a la oración, a la escucha del Espíritu Santo «en el templo» que somos nosotros. El monaquismo oriental, muy inclinado hacia el Espíritu (cf. la transfiguración de san Serafín de Sarov) no nos dice otra cosa al enseñarnos la oración continua.

---

[3] Cf. Communauté des Béatitudes, *Statuts et Directoirs,* Statuts généraux, n.º 7.

La Virgen María es total acogida del Espíritu, que la ha tomado por esposa el día de la Anunciación. Escucha y obedece. Nos invita a su escuela maternal. La consagración a María es un medio privilegiado de apertura y obediencia al Espíritu. Con ella aprendemos a fijar nuestra mirada en Cristo. Podemos preferir hacerlo mirándola a ella, con san Luis María Grignion de Monfort que nos anima a hacernos una idea o imagen de María «en nosotros»[4] o con san Bernardo que nos invita a mirar a la estrella ante todo peligro, en toda tentación[5] y recibir de ella luz, paz y amor, frutos del Espíritu.

La Palabra de Dios, leída y meditada como lo hacía María, es un lugar del Espíritu por excelencia. Allí, él habla, moldea, repara, afirma, envía (cf. por ejemplo, la llamada de san Antonio), él consuela, etc. La Palabra viene a «guardar» nuestro corazón de palabras vanas y produce su fruto a su tiempo. Presente en nosotros, podrá fácilmente brotar en palabras inspiradas.

En Caná, María ve la falta en la fiesta (cf. Jn 2): el Espíritu nos abre a los demás, construye la fraternidad, nos da vivir «en relación» como él, como personas en diálogo y en servicio, no auto centrados. Es estando pendientes del Señor y de los demás como podemos vivir de él.

Los carismas concretan ese servicio recíproco y ese servicio de la evangelización. La vida carismática humildemente vivida es una escuela preciosa de

---

[4] Cf. San Luis María Grignion de Monfort, *El secreto de María,* ∫ 47.

[5] Cf. San Bernardo de Claraval, *Super Missus est,* 17.

docilidad al Espíritu Santo. Por el Espíritu, nuestra vida «ya no la vivimos para nosotros mismos, sino para aquel que murió y resucitó por nosotros» (cf. 2 Co 5, 15).

La práctica de la acción de gracias y del reconocimiento alimentarán esta caridad y ese «descentramiento de sí»: antes y después de una buena comida, ante un paisaje, un trabajo terminado, etc. Todo eso nos permite permanecer abiertos a las influencias del «Dulce huésped del alma», y referirlo todo a él.

Relectura

La relectura del día es muy valiosa. «Espíritu Santo, ¿en qué momento me has hablado o visitado tú? ¿Por las Escrituras, por alguien, por un suceso? ¿Se me ha dado hoy vivir un encuentro, un trabajo, un servicio, un rato de oración, en que tú has estado particularmente presente, en que has pasado a través de mí? ¿En qué momento no he estado escuchándote, resistiendo?». Perdonados de nuestras faltas, nos abriremos a una nueva «aventura» con el Espíritu Santo cada día, aprendiendo poco a poco a ajustarnos a su Soplo de Vida.

¡Ven, Espíritu Santo!

Desde el comienzo de laudes, y de nuevo en vísperas, la Comunidad de las Bienaventuranzas invoca al Espíritu Santo. A él debemos llamar y desear a lo largo de todo el día. Así podremos obedecerle como la primitiva Iglesia de los Hechos de los Apóstoles.

Meditemos el increíble episodio de Pedro en casa de Cornelio (cf. Hch 10, 23-48). Sí, la docilidad al Espíritu Santo permite dar los pasos más magníficos e improbables, como vivir la fidelidad en los actos menos visibles pero no menos inspirados y fecundos, a imagen de Simeón y Ana (cf. Lc 2, 22-39).

Estamos llamados a mendigar sin cesar el Espíritu Santo, personal y comunitariamente, como en un cenáculo siempre renovado, a fin de que nos conduzca cada vez más en su fervor.

Ejercicio espiritual

Dedico un rato a la relectura de mi vida a la luz de estas preguntas:

- ¿En qué asunto soy más frágil, donde «la ley de la carne» manda en mí, limitando el despliegue de la vida en el Espíritu?
- ¿Qué me ha dado el Señor como medio privilegiado o como llamada particular que me «conecta» al Espíritu Santo, que me ayuda a permanecer o recuperar la gracia y la libertad de darme en él?

18. ORACIÓN Y ACCIÓN

Anne de Jésus Idiartegaray

> «Amor es la pasión para hacer
> esta alma ame a Dios para ser amada dél (sic)»[1].
>
> SANTA TERESA DE JESÚS

¿Cómo armonizar en nuestra vida oración y acción?
¿Cómo vivir esta tensión, que parece inevitable,
entre estas dos dimensiones de nuestra existencia?
¿Qué lugar dar a cada una, sin penalizar a la otra?
Ponernos a la escucha de santa Teresa de Jesús, gran
contemplativa y mujer de acción incomparable, nos
aportará una luz preciosa.

Fijar el objetivo

Como buena pedagoga, la *Madre* tiene siempre
cuidado de recordar el objetivo último de la vida
espiritual y sus fundamentos. Así, para abordar el
tema que tratamos aquí, importa ante todo afirmar
que el fin de nuestra existencia no es convertirnos
en grandes orantes ni llevar a cabo obras apostólicas
extraordinarias. Lo que hemos de buscar por
encima de todo y en todo es a Dios mismo, es el

---

[1] Santa Teresa de Jesús, *Camino de perfección*, Códice de Valladolid, 6, 9.

adventimiento en nuestros corazones y en el mundo de su reino de amor.

Así, oración y acción no son dos realidades yuxtapuestas que entrarían en competencia una de otra; son como dos facetas de una misma realidad, la única que cuenta en verdad: el ejercicio del amor, su búsqueda en todo... Todo acto de oración y todo compromiso apostólico han de vivirse como lugares de crecimiento en el amor. Privados de esta dinámica, no tendrían de hecho ningún sentido, y sin ese lazo que los une se vivirían en oposición permanente.

«Creedme que Marta y María han de andar juntas para hospedar al Señor»[2], nos dice Teresa de Jesús.

Las obras

«Para esto es la oración, hijas mías; de esto sirve este matrimonio espiritual, de que nazcan siempre obras, obras»[3].

El mensaje de la *Madre* no puede ser más claro. La oración no es un fin en sí. Recordemos también las advertencias que hacía a las hermanas que le parecían «encapotadas»[4], es decir, demasiado centradas en ellas mismas y en las delicias de su oración más que en un verdadero don de sí. También exclama: «Sería recia cosa que nos estuviese claramente diciendo Dios que fuésemos a alguna cosa que le importa y no

---

[2] Santa Teresa de Jesús, *El Castillo interior,* Moradas 7.ª, 4, 13.

[3] *Ibid.* 4, 6.

[4] *Ibid.* 5ª, 3, 11.

quisiésemos sino estarle mirando, porque estamos más a nuestro placer. ¡Donoso adelantamiento en el amor de Dios es atarle las manos con parecer que no nos puede aprovechar sino por un camino!»[5].

Sin embargo, no nos confundamos. Si Teresa defiende así las obras, eso no tiene nada de un elogio sin condiciones del apostolado en cuanto tal, aún menos de una puesta en segundo plano de la oración.

En el lenguaje teresiano, *las obras*, son todas las formas de respuestas amantes que podemos dar a las llamadas de la gracia de Dios, tanto en el plano de la vida de fe, esperanza y caridad, como en el del comportamiento moral. Por supuesto, la acción apostólica forma parte de esto, pero no exclusivamente, y todavía es preciso que sea movida por la caridad. Se puede, entonces, comprender que lo que Teresa quiere gritar alto y fuerte es que la oración debe servir al crecimiento y la difusión del amor. Se podría decir que interpela también sobre la coherencia de vida.

Así, es la misma Teresa quien atestigua que «para estas mercedes tan grandes que me ha hecho a mí, es la puerta la oración»[6] —y que el peor error que ella había cometido en su vida es haberla abandonado durante al menos un año— y afirma: «Y créanme que no es el largo tiempo el que aprovecha el alma en la oración; que cuando le emplean tan bien en obras, gran ayuda es para que en muy poco espacio tenga mejor disposición para encender el amor, que

---

[5] Santa Teresa de Jesús, *Fundaciones,* 5, 5.

[6] *Libro de la Vida,* 8, 9.

en muchas horas de consideración. Todo ha de venir de su mano [de Dios]»[7]. Lo que hay que buscar, en la oración como en las obras, es responder amor por amor al Señor, cumplir su voluntad, acercarse a la fuente de su amor en la oración para llevarla a la acción, pero también llevar a la acción un crecimiento en el amor que repercutirá en nuestra vida de oración. Lo vivido en Dios y para él actúa también positivamente en nuestra vida de oración.

> El apóstol, ejerciendo su ministerio, crece en la caridad y vuelve a su oración en lo secreto con un mayor amor de Dios. La caridad es una y crece a su vez por actos de amor de Dios y del prójimo [...]. La perfección procede pues de manera circular: de la oración y los ejercicios espirituales a la ayuda aportada al prójimo, y de ahí a la entrada en una oración más perfecta, con vistas a ayudar al prójimo. Este circuito deberá apretarse sin cesar hasta que los dos componentes —la oración y la acción— se compenetren en perfecta armonía, supremo triunfo de la gracia en el hombre de quien la acción está plenamente sometida a la acción divina[8].

Humilde realismo

¿Qué hacer entonces mientras esperamos esta perfecta armonía entre oración y acción, tan deseable? Aparte de fijar el objetivo y tomar como brújula el amor que las une, ¿qué más? Parece que aquí la clave sea un humilde realismo. Importa, en

---

[7] *Fundaciones,* 5, 17.

[8] François-Régis Wilhélem, *Agir dans l'Esprit,* Fayard 1998, p. 324.328.

efecto, en nuestra vida de cada día, conceder a cada uno de esos dos aspectos su justo lugar. Pero ¿cómo definir este justo lugar? El indicador aquí es simple y al alcance de todos: el deber de estado.

> Estando resuelta la cuestión de nuestra vocación y en consecuencia la de nuestros deberes de estado, toda discusión deviene inútil sobre el valor en sí de tal o cual acto, sobre la excelencia de la contemplación o de la acción. La vocación nos coloca en un orden relativo que ella controla y que es de hecho para nosotros el mejor. Los actos que ella impone son para nosotros los más santificantes. Los deberes de estado que ella crea son para nosotros el camino único de la santidad [...]. ¡Cuántas desviaciones, pérdidas de tiempo y de fuerzas resultan falsas luces en este punto o errores de perspectiva![9].

En claro, dar a la oración y a la acción el lugar que les corresponde en nuestra vocación, según los compromisos que hemos adquirido. No apartarse de este camino... No reducir la energía y el tiempo dedicados a la oración, y hacer lo mismo en lo que concierne a las obras que debemos cumplir. Y todo eso, en una humilde lucidez sobre uno mismo, sabiendo reconocer las desviaciones, las infidelidades, sin vestirlas falsamente de virtudes, de generosidad. Y sabiendo levantarse tantas veces como sea necesario.

Para concluir: cualesquiera que sean las tensiones, los tira y afloja a los que nos expone nuestra vida (a

---

[9] Marie-Eugène de l'Enfant-Jésus, *Je veux voir Dieu,* Éd. du Carmel, p. 379-380.

la vez contemplativa y activa), no perdamos nunca de vista la belleza y la riqueza de nuestra llamada y pidamos a la *Madre* que interceda por nosotros y nos lleve por los pasos de esta «mujer que supo amar», según el bello título del libro de Pierre Lauzeral, y no olvidemos que «es tan grande el [amor] que Su Majestad nos tiene, que en pago del que tenemos al prójimo hará que crezca el que tenemos a Su Majestad por mil maneras»[10].

Ejercicio espiritual

Puedo dedicar un tiempo a releer el mes pasado a la luz de esas dos dimensiones de la contemplación y de la acción, en armonía con mi deber de estado. Pido al Señor luz y fuerza para operar los ajustes necesarios.

---

[10] Santa Teresa de Jesús, *El Castillo interior,* Moradas 5.ª, 3, 8.

19. UNIÓN CON DIOS EN LA ACCIÓN

Guillem Farre

> «Mientras movemos nuestras manos en el trabajo, debemos dirigirnos a Dios con la lengua, o al menos con el corazón, y así rezar también durante nuestra ocupación [...]. Y todo esto, suplicando que nuestras obras sean del agrado de Dios»[1].
>
> San Basilio el Grande

Bondad del actuar

¡Pobre Marta! A menudo se le asocia con la monja «activista» que se queja de otra «iluminada y soñadora». El Señor alaba la actitud de su hermana: *«María ha escogido la mejor parte, que no le será arrebatada»* (Lc 10, 42). Y, sin embargo, es precisamente ella, Marta, la que se parece más a nosotros, que a menudo nos quedamos presos en la acción, es verdad que en el deseo de servir a Jesús. ¿Pero es posible la unión con Dios mientras actuamos?

---

[1] San Basilio el Grande, *Reglas más amplias,* 37. cita de J. A. Loarte, *El tesoro de los Padres,* Rialp, Madrid 1998, p. 159-160.

La acción es buena. Dios mismo actúa desde los orígenes. Durante seis días crea el mundo y se maravilla porque su obra es buena. El *shabbat* es un recuerdo de esta actividad divina, que prosigue incluso el día del descanso: «*Mi Padre no deja de trabajar, y yo también trabajo*» (Jn 5, 17).

Cuando Dios crea al hombre y a la mujer, les manda trabajar en el jardín —la fatiga y el sudor no llegarán hasta después de la caída—: «*El Señor Dios tomó al hombre y lo colocó en el jardín del Edén para que lo trabajara y lo guardara*» (Gn 2, 15).

No se puede pues oponer acción y contemplación, como si hubiese que sufrir la una mientras que la otra sería perfecta.

Una cuestión compleja

Sin embargo, la acción humana es una cuestión compleja. Los filósofos han reflexionado mucho sobre esto desde la Antigüedad.

Ya Aristóteles lo dice en la *Ética a Nicómaco* en el siglo IV a. C. Su visión la retomarán los teólogos cristianos de la Edad Media. Muchos luego intentaron comprender por qué tenemos necesidad de crear, de construir, de hacer... una cuestión fundamental que parece tocar a nuestro mismo ser.

Los autores clásicos mencionan tres dimensiones de la acción: el hacer, que se refiere a la dimensión material; el actuar, con un elemento ético o moral; la contemplación, que es totalmente interior. La acción de una persona nos desvela quien ella es: «*Cada árbol se conoce por su fruto*» (Lc 6, 44). La acción tiene en efecto una dimensión objetiva, por la cual somos capaces de crear objetos, de transformar el mundo. Pero tiene también una dimensión subjetiva, por la cual lo que hacemos *ad extra* nos cambia *ad intra*.

En efecto, la dimensión interior de la acción es muy importante. En todo lo que hacemos, aspiramos a una integración de nuestro ser, y así poder hacer verdaderamente lo que deseamos, y del modo que deseamos. Por desgracia, eso no es siempre lo que sucede: «*No hago el bien que quiero, sino el mal que no quiero*», deplora san Pablo (Rm 7, 19). Así, en el corazón de nuestra acción, vivimos un combate interior.

Pero si, en esta lucha, el Señor está presente, y si la unión con Dios es la columna vertebral que sostiene nuestra existencia, entonces eso lo cambia todo... En la medida en que vivimos unificados en todas las dimensiones de nuestro ser —lo que es la obra del Espíritu y el fruto de la conversión continua— nuestra acción recibe el impulso que la hace verdaderamente eficaz y buena.

Dos señales

Para verificar esta unificación de nuestros actos, existen dos puntos de referencia.

En primer lugar, lo que nos pone en marcha. ¿Hacia dónde se dirige nuestra acción cuando decidimos emprenderla? ¿Cuál es nuestra intención? Si somos dóciles a las inspiraciones del Espíritu Santo y nos dejamos guiar por él, entonces nuestra actividad será una prolongación y un medio de nuestra unión con Dios. Es importante poder examinar con rectitud los movimientos de nuestro corazón. Como escribe el padre Jacques Philippe:

> ¿Dónde nacen esas inspiraciones de la gracia? No nacen en nuestra imaginación o en nuestra cabeza, sino que surgen en lo más íntimo de nuestro corazón. Para reconocerlas es preciso estar atentos a lo que ocurre en él, a los "movimientos" que podemos detectar en su interior, y saber distinguir si esos movimientos provienen de nuestra naturaleza, de la acción del demonio o de la influencia del Espíritu Santo[2].

Eso se aplica a todas nuestras actividades, incluso a las más cotidianas, como las del trabajo o de un simple servicio.

El segundo punto de referencia es la relectura de nuestra actividad, un tipo de examen de conciencia de lo que hacemos y de la manera en que lo hacemos. Siendo la acción una realidad dinámica, es bueno acompañarla de principio a fin de una actitud de discernimiento, conforme a las decisiones que vamos tomando.

La caridad debe ser siempre el criterio último de nuestra acción, más allá de la eficacia o de otros valores puramente humanos puesto que «a la tarde te examinarán en el amor»[3]. Es la virtud más grande

---

[2] Jacques Philippe, *En la escuela del Espíritu Santo,* Rialp, Madrid 2005, p. 30.

[3] San Juan de la Cruz, *Dichos de luz y amor,* 59.

que no pasará jamás, como nos asegura san Pablo (cf. 1 Co 13, 13). Como lo afirma tan destacadamente Madeleine Delbrêl:

> Cada pequeña acción es un acontecimiento inmenso en que se nos da el Paraíso, donde podemos dar el paraíso. Qué importa lo que tengamos que hacer: sostener una escoba o una pluma; hablar o callar; zurcir o dar una conferencia; cuidar a un enfermo o escribir a máquina. Todo eso no es más que la corteza de una realidad espléndida, el encuentro del alma con Dios, en cada minuto renovado, en cada minuto aumentado en gracia, cada vez más bello para su Dios. ¿Llaman? Pronto, vamos a abrir. Es Dios que viene a amarnos. ¿Una consulta? Aquí va la respuesta. Es Dios que viene a amarnos. Es la hora de sentarse a la mesa: vamos allá. Es Dios que viene a amarnos. Dejémosle hacer[4].

El actuar celestial

La acción nos provoca siempre, de una manera u otra. A veces, estamos enfrentados con nuestros límites, ante las dificultades o fracasos que encontramos. También vivimos éxitos, fuente de una alegría y un orgullo legítimos. Tanto en un caso como en el otro, tenemos la oportunidad de remitirnos a Dios, en la confianza y el abandono o en la acción de gracias: *«Todo cuanto hagáis de palabra o de obra, hacedlo todo en nombre del Señor Jesús, dando gracias a Dios Padre por medio de él»* (Col 3, 17).

---

[4] Citado por Jacques Loew, *Vivir el Evangelio con Madeleine Delbrêl*, Ed. Sal Terrae, Santander 1997, p.99.

En nuestra actividad estamos llamados a transformar el mundo. No tenemos excusa para rechazar este impulso propio de nuestra naturaleza humana.
Pero no podemos hacerlo con rectitud más que si seguimos unidos en Cristo, que es la clave de bóveda de la creación y en quien todo lo que hacemos tiene sentido.

Ejercicio espiritual

¿Qué actividad me lleva más tiempo? ¿Cuál es la más importante para mí en lo cotidiano? ¿Me siento enviado por Dios?

¿Qué hago frente a las dificultades y fracasos en mi actuar? ¿Y en los éxitos?

Al revisar mi día, me pregunto qué intención ha animado tal o cual acción.

20. LA FECUNDIDAD DE LA ORACIÓN

Louise de Marillac Jarrosson

> «Como creyentes, estamos convencidos de que la oración es una verdadera fuerza, que abre el mundo a Dios. Estamos convencidos de que Dios escucha y puede actuar en la historia»[1].
>
> BENEDICTO XVI

«¡Qué grande es el poder de la oración! Se diría que es una reina que tiene libre acceso al rey en todo momento, y puede obtener todo lo que pide»[2]. «¡Ojalá sea así!», pensamos nosotros quizá... Teresa nos provoca en nuestra fe.

Fe y fecundidad

Toda oración no es escuchada, pero la oración no se sitúa en el registro de la eficacia, del automatismo; no se sabría limitar sus frutos a la sola escucha. Eficacia y fecundidad no son sinónimos. La fecundidad es del orden de la vida.

---

[1] Benedicto XVI a los periodistas, en el vuelo del 8 de mayo de 2009, peregrinación a Tierra Santa. www.vatican.va.

[2] Santa Teresa de Lisieux, *Manuscrito C,* 25r°v°.

El ejemplo de Abrahán es elocuente. Dios incita a Abrahán a dejarlo todo haciéndole conocer su promesa. Abrahán confía, se deja despojar y empobrecer. Su obediencia le hace entrar en una nueva relación con su Dios. Dios le declara entonces: *«No te llamarás más Abrán, sino que tu nombre será Abrahán»* (Gn 17, 5). Abrahán será el perfecto hombre de Dios, sometiéndose incluso en la peor de las situaciones (cf. Gn 22). Así, el primer fruto de la fe de Abrahán es él mismo, en lo que él se ha convertido. Abrahán es un convertido. Y deviene, según la promesa divina, el *«padre de multitud de pueblos»* (Gn 17, 5). Su fruto se despliega en su paternidad, a través de toda su persona. Lo mismo sucede con nosotros en la oración. Ella nos hace emprender un camino de conversión. Dios deviene nuestro Dios («mi Dios»), el todo cercano: Dios de nuestras jornadas, Dios providencia... y eso da fruto, lo veamos o no, en toda estación (cf. Jr 17, 7-8). La oración es poderosa en la medida en que es el encuentro de un corazón dócil y que confía con el que desea que tengamos vida y vida en abundancia (cf. Jn 10, 10). Sus frutos no dependen de nuestros méritos, de nuestras capacidades, ni incluso de nuestra perfección. El Catecismo afirma que el fundamento de la oración es la humildad que nace de la sed de Dios y de la pobreza[3]. A imagen de la perfusión para un enfermo grave, la oración nos conecta, por el acto de fe que la sostiene, a la Fuente de todo bien, a la Vida.

---

[3] Cf. CCE, 2559.

Un «permanecer» recíproco

«*Yo soy la vid, vosotros los sarmientos. El que permanece en mí y yo en él, ese da mucho fruto, porque sin mí no podéis hacer nada*», nos dice Jesús (Jn 15, 5). El papa Francisco precisa que se trata de un «permanecer recíproco»[4].

La fecundidad es para quien ora con su corazón, es decir, quien compromete en su oración todo su ser, en todo momento y en todos los lugares, en todas las circunstancias: «Para mí, la oración es un impulso del corazón, una simple mirada al Cielo, un grito de agradecimiento y amor tanto en medio de la prueba como en la alegría; en fin es algo grande, sobrenatural, que me dilata el alma y me une a Jesús»[5]. «Permanecer» implica perseverar. Solo la oración puede comunicarnos esa fuerza. Así, la oración es como la gota de agua que nutre la semilla oculta en la tierra, y la gracia de Dios es el sol que saca la semilla a la luz y la vida, la hace brotar y le da su fruto.

La Virgen María no ha cesado de creer y adherirse a la voluntad del Padre: «*He aquí la esclava del Señor, hágase en mí según tu palabra*» (Lc 1, 38). Llevando en ella la promesa de Dios como una semilla en tierra fértil, se convierte en la Madre de todos los vivientes. La fe, que ante todo es una adhesión personal del hombre a Dios, es también una actitud del alma y del corazón que pone toda su confianza en Dios y se entrega a sus designios. Tal es el fundamento que permite al fruto de la oración nacer y permanecer.

---

[4] Papa Francisco, Homilía del 13 de mayo de 2020.

[5] Santa Teresa de Lisieux, *Manuscrito C*, 25rºvº.

La intercesión

La oración de intercesión consiste, nos dice el papa Francisco, en «ser un puente entre Dios y los hombres». Así representa habitualmente la Escritura a Moisés «con las manos tendidas hacia lo alto, hacia Dios, como para actuar como un puente con su propia persona entre el cielo y la tierra»[6]. Así será también para nosotros, si deseamos llegar en la oración hasta el punto de sufrir y llorar por nuestro prójimo. Como Moisés, a causa de nuestra fe en Dios, seremos solidarios de nuestros hermanos y hermanas en humanidad. Solo la oración perseverante, típica del corazón que ama de verdad y que guarda la fe, sabrá vencer la tentación del desaliento y la del juicio. Eso hizo Moisés a la hora en que su pueblo había caído en el pecado y renegado de su Dios: Moisés se solidariza con el pueblo que Dios le había confiado e intercede por él (cf. Ex 32, 11-14).

Nuestra oración está llamada a injertarse en la gran oración de intercesión de Jesús. Es entonces necesariamente fecunda, pues Jesús ha vencido la muerte y el pecado, ha superado todos los obstáculos. Eso escapa a menudo a nuestros ojos de carne, pero, por la fe, sabemos que Cristo es vencedor y que oye cada una de nuestras plegarias.

La alabanza

Sin duda no advertimos siempre el poder de la alabanza, su fecundidad. El padre Cantalamessa

---

[6] Papa Francisco, *Catequesis sobre la oración de intercesión,* 17 de junio de 2020.

afirma: «Los mayores milagros del Espíritu Santo no los obtenemos solo en respuesta de nuestras súplicas, sino en respuesta a nuestra alabanza, especialmente en la prueba. Eso muestra que la gracia ha sido más fuerte que la naturaleza». Y prosigue: «El milagro de Pablo y Silas en la prisión —y el de los tres jóvenes en el horno— se repite en circunstancias múltiples y de manera inagotable [...]. "Probar para creerlo", tal era el consejo que Merlin Carothers daba a sus lectores en *De la prison à la louange*»[7].

Sí, probemos, creamos, luchemos contra la duda. A menudo no sabemos reconocer las respuestas de Dios, que pueden ser paradójicas, es verdad... Pero retengamos que la alabanza es una forma extremadamente fecunda de oración.

El poder de la oración es grande, aunque con frecuencia eso se oculte a nuestros ojos de carne... Ninguna oración sincera y hecha con fe se pierde. Dios se inclina sobre el pobre, escucha su oración. Se inclina sobre nosotros y oye nuestra oración. Y sin duda Jesús nos recuerda, como a sus discípulos avergonzados ante el fracaso de su oración, que algunas victorias no se logran más que con oración y ayuno... Así podemos hacer nuestra esta magnífica afirmación de la pequeña Teresa:

> Un sabio ha dicho: «Dadme una palanca, un punto de apoyo y levantaré el mundo». Eso que Arquímedes no pudo obtener porque su petición no se dirigía a Dios y no estaba hecha más que desde un punto de vista material,

---

[7] Raniero Cantalamessa, *Mensaje para la preparación de Pentecostés,* 27 de mayo de 2020.

los Santos lo han obtenido en toda su plenitud. El Todopoderoso les ha dado como punto de apoyo a él mismo y solo a él; por palanca, la oración, que enciende un fuego de amor, y es así como ellos han levantado el mundo; es así como los santos todavía militantes lo levantan y como, hasta el fin del mundo, los Santos que vendrán lo levantarán también[8].

Ejercicio espiritual

«Lo que atrae más gracias del Buen Dios es el reconocimiento. Pues si le agradecemos un beneficio, se ve afectado y se apresura a hacernos otros diez, y si los agradecemos aún con la misma efusión, ¡qué multiplicación incalculable de gracias! Yo he tenido esa experiencia, probadlo y veréis»[9]. Probemos... y veamos.

---

[8] Santa Teresa de Lisieux, *Manuscrito C,* 36rº.

[9] Céline Martin, *Conseils et souvenirs,* Cerf/DDB, 1973, p.72.

Este libro, publicado por ediciones Rialp, s. a.,
Manuel Uribe 13-15, 28033 Madrid,
se terminó de imprimir en
Estilo Estugraf
Ciempozuelos (madrid),
el día 25 de abril de 2025.